Muito mais do que Futebol

*a história dos mundiais da FIFA
de 1930 a 2022*

Alisson Barros

Muito mais do que Futebol

*a história dos mundiais da FIFA
de 1930 a 2022*

1ª edição

para o meu pai,
quem me fez apaixonar pelo futebol.

Capa: Bruno Vilela Jardim de Castro
Imagens da capa: freepik.com e creativetoons
Revisão: Lúcia de Souza Barros

Dados Internacionais de Catalogação na Publicação (CIP)
(Câmara Brasileira do Livro, SP, Brasil)

Barros, Alisson
    Muito mais do que futebol : a história dos
mundiais da FIFA de 1930 a 2022 / Alisson Barros. --
1. ed. -- Belo Horizonte, MG : Ed. do Autor, 2024.

    Bibliografia.
    ISBN 978-65-01-06293-8

    1. Campeonato mundial de futebol 2. Copa do Mundo
(Futebol) - História 3. Federação Internacional de
Futebol Associado 4. Futebol - História 5. Jogadores
de futebol I. Título.

24-212656   CDD-796.3346609

Índices para catálogo sistemático:

1. Copa do mundo : Futebol : História   796.3346609

Aline Graziele Benitez - Bibliotecária - CRB-1/3129

Sumário

Prefácio

Ainda me lembro da minha primeira Copa. Em 1982, eu tinha 8 anos e a Copa seria disputada na Espanha. O Brasil tinha uma excelente seleção e a expectativa era grande no país. Ruas enfeitadas, bandeiras penduradas, muros e paredes pintados de verde e amarelo. Éramos um país unido torcendo pela nossa seleção.

Eu nunca me esqueci do meu pai mostrando as camisas das seleções e dizendo: "O Brasil é o único que tem 3 estrelas na camisa." Na época, éramos os únicos tricampeões.

A Copa do Mundo é muito mais do que um evento esportivo global. Ela celebra a unidade, a paixão e o espírito humano, transcendendo fronteiras e culturas. Desde a sua criação, em 1930, a Copa tornou-se um dos eventos esportivos mais vistos no mundo, cativando milhões de pessoas a cada quatro anos com a paixão, a habilidade e a absoluta imprevisibilidade que só o futebol pode oferecer.

Este livro é uma viagem concisa pela história de cada torneio, oferecendo um retrato de cada um, desde o início no Uruguai até o último realizado no Catar. Cada capítulo fornece uma visão geral breve, porém abrangente, dos torneios, destacando momentos importantes, jogadores de destaque e partidas significativas. Nessas narrativas, você encontrará estatísticas essenciais que resumem os números por trás das histórias: gols marcados, partidas disputadas e recordes quebrados.

Na elaboração deste livro, o objetivo foi relatar os fatos e captar a essência do que faz da Copa do Mundo um espetáculo singular no esporte. Quer você seja um entusiasta do futebol de longa data ou um novato, este livro informará, entreterá e inspirará uma apreciação mais profunda pela rica herança da Copa do Mundo.

Que estas páginas evoquem a emoção de gols lendários, a tristeza dos "quases", e a alegria de ver as nações se unirem pela paixão ao futebol.

Introdução

A Copa do Mundo FIFA[1] tem uma rica história. História que começou há quase um século, em 1930, época em que as viagens entre os continentes duravam semanas. No torneio inaugural, poucas seleções europeias aceitaram o convite para ir jogar no Uruguai. Além das dificuldades da viagem, os países ainda enfrentavam os impactos da grande depressão. A seleção do Egito, única equipe africana a se inscrever, ficou presa no Mediterrâneo devido a uma tempestade e acabou perdendo o navio que os levaria ao Uruguai. As dificuldades de viagem ainda seriam sentidas pelas seleções das Américas nas Copas de 34 e 38, já que ambas foram disputadas na Europa. Em 1934, Argentina, Brasil e os Estados Unidos enfrentaram uma viagem que durava cerca de 15 dias, perderam o primeiro jogo e, eliminados, enfrentaram outros 15 dias no retorno para casa. Em 1938, apenas Brasil e Cuba cruzaram o oceano para a competição. Dessa vez, ambas as equipes americanas conseguiram avançar para a segunda fase.

Em 1950, época em que as viagens aéreas entre os continentes já haviam se tornado comuns, a Itália preferiu fazer a viagem de navio, ainda impactados pelo acidente aéreo que havia dizimado o time do Torino um ano antes.

E com os jogos, foram surgindo os destaques, os heróis. Alguns se tornaram heróis por acaso. Lucient Laurent, meia na seleção francesa, jogou apenas 10 jogos pela seleção entre 1930 e 1936. O primeiro jogo da França na Copa foi a segunda partida em que Laurent vestiu a camisa da seleção francesa. Mas ele estava no lugar certo e na hora certa. Em um cruzamento de Liberati, Laurent chutou a bola e marcou o primeiro gol francês no jogo, tornando-se o primeiro jogador a marcar gol em uma Copa. O primeiro torneio também contou com o primeiro *hat-trick*[2] da história das Copas. E o autor do *hat-trick* foi um jogador da seleção dos Estados Unidos, o mesmo país que não organizaria a competição de futebol nos jogos olímpicos 2 anos mais tarde porque o esporte não era popular no país. Bert Patenaude marcou os 3 gols dos Estados Unidos na vitória por 3-0 contra o Paraguai. O artilheiro de 1930 foi Guillermo Stábile, da Argentina, com oito gols. O uruguaio José Nasazzi foi escolhido como o melhor jogador da Copa[3].

Em 1934, o Tchecoslovaco Oldřich Nejedlý foi o artilheiro com 5 gols. Porém, a estrela do torneio foi o italiano Giuseppe Meazza, que ajudou a Itália a garantir o seu primeiro título e foi escolhido o melhor jogador da Copa.

Quatro anos mais tarde, em 1938 na França, um brasileiro se destacou no torneio. Leônidas foi o artilheiro da Copa com 7 gols, com direito a um *hat-trick* na primeira rodada. Ele foi escolhido o melhor jogador do torneio.

Em 1950, Ghiggia conseguiu silenciar um estádio com quase 200 mil torcedores quando marcou o gol que deu ao seu país, Uruguai, o segundo título mundial. Ghiggia se tornou o primeiro jogador a marcar gols em todas as partidas, da primeira fase às finais. Porém, não levou a artilharia nem o prêmio de melhor jogador. O artilheiro da Copa foi o brasileiro Ademir, com 9 gols. Outro brasileiro, Zizinho, foi escolhido o melhor jogador da Copa.

Em 1954, o escolhido como o melhor jogador foi Ferenc Puskás, o húngaro que encantou o mundo com o seu futebol e deu nome à premiação de gol mais bonito do ano, que acontece desde 2009. O seu companheiro de equipe, Kocsis, foi o artilheiro do torneio com 11 gols. Em apenas duas outras edições o artilheiro conseguiu marcar 10 ou mais gols.

Em 1958 surge Pelé. Aos 17 anos, ele conseguiu encantar o mundo com o seu futebol arte. Ele tanto brilhou, que acabou ofuscando um pouco o feito do francês Just Fontaine. Fontaine foi o artilheiro da Copa com 13 gols e, até hoje, é o jogador que mais marcou gols em uma mesma edição. Porém, nenhum dos dois levou o título de melhor jogador, que acabou sendo vencido pelo brasileiro Didi.

Em 1962, quando todos esperavam um Pelé brilhante, vimos um Garrincha mágico desnorteando os adversários com suas pernas tortas. Pelé se contundiu no segundo jogo do Brasil, ficando de fora da Copa. Garrincha foi um dos grandes responsáveis pela conquista do segundo título brasileiro. Ele foi escolhido o melhor jogador do torneio e dividiu a artilharia com outros seis jogadores com quatro gols marcados.

A Copa de 1966 viu grandes nomes como Bobby Moore, Bobby Charlton, Gordon Banks, Franz Beckenbauer, Eusébio e Lev Yashin. O português Eusébio foi o artilheiro com 9 gols e Bobby Charlton foi escolhido o melhor jogador. Porém, o grande herói foi o inglês Geoff Hurst. Ele marcou três gols na final se tornando o primeiro jogador a marcar um *hat-trick* em uma final de Copa do Mundo. Dois dos seus gols, marcados durante a prorrogação, garantiram à Inglaterra o seu primeiro e, até hoje, único título.

Em 1970, mais uma vez, vimos a genialidade dos brasileiros. A seleção brasileira, considerada por muitos uma das melhores de todos os tempos, contava com Carlos Alberto, Pelé, Clodoaldo, Gérson, Jairzinho, Rivelino e Tostão. O brilho de cada um levou o Brasil ao seu terceiro título. Pelé foi escolhido o melhor jogador da Copa e o alemão Gerd Müller foi o artilheiro com 10 gols. Müller se tornou o terceiro artilheiro a alcançar a marca de 10 gols em uma edição.

Na Copa de 1974, a Holanda, treinada por Rinus Michels, encantou o mundo com um estilo de jogo inovador. Além disso, eles tinham Johan Cruyff no elenco, um dos melhores jogadores holandeses de todos os tempos. Cruyff foi escolhido como o melhor jogador do torneio e o artilheiro foi Grzegorz Lato, da Polônia, com 7 gols.

Em 1978, o argentino Mario Kempes foi um dos grandes responsáveis por levar a Argentina ao seu primeiro título. Durante a segunda fase do torneio, ele marcou 4 gols em 2 jogos, ajudando a seleção argentina a chegar à final. Na final, ele marcou mais dois gols, garantindo o primeiro título de seu país. Kempes foi selecionado como o melhor jogador da Copa do Mundo e terminou como o artilheiro do torneio com 6 gols.

Na Copa da Espanha, em 1982, vimos uma estrela nascer na segunda fase do torneio. Nessa Copa, a Itália fez história por ter se classificado na fase de grupos sem vitórias, com apenas 3 empates. Jogando mal e sendo criticado pela imprensa italiana, Paolo Rossi não marcou nenhum gol nos quatro primeiros jogos italianos. No último jogo da segunda fase, a Itália iria enfrentar a seleção brasileira, que era considerada por muitos uma das melhores do torneio e a favorita ao título. Foi quando Rossi brilhou. Ele marcou os três gols da Itália, eliminando o Brasil e levando a sua seleção às semifinais. Na semifinal, marcou os dois gols italianos que eliminaram a Polônia e, com mais um gol marcado na final, se tornou o artilheiro da Copa com 6 gols. Nessa copa, a FIFA introduziu a Bola de Ouro, premiação dada ao melhor jogador do torneio. O vencedor em 1982 foi Paolo Rossi.

Em 1986 Maradona se tornou a estrela da Copa. Com jogadas geniais e lances incríveis, ao mesmo tempo, é considerado vilão e herói. Vilão por enganar o juiz ao marcar um gol de mão, herói por marcar um gol que, mais tarde, foi votado como o gol do século. A sua genialidade ajudou a Argentina a conquistar o seu segundo título e lhe garantiu a Bola de Ouro do torneio. O artilheiro foi Gary Lineker, da Inglaterra, com 6 gols.

Em 1990 o camaronês Roger Milla, aos 38 anos, encantou o mundo ao levar Camarões, pela primeira vez, às quartas de final do torneio. O artilheiro, com 6 gols, e vencedor da Bola de Ouro foi o italiano Salvatore Schillaci.

Em 1994 Roger Milla voltou ao torneio, agora com 42 anos. No jogo contra a Rússia, com ambas as equipes já eliminadas, Milla marcou o único gol camaronês do jogo e se tornou o jogador mais velho a marcar gols em uma Copa. Na mesma partida, o russo Oleg Salenko marcou cinco dos seis gols russos se tornando o primeiro e, até hoje, único jogador a marcar cinco gols em uma partida no mundial da FIFA. Essa Copa também contou com grandes nomes como Baggio, Baresi, Klinsmann, Batistuta, Bergkamp, Romário, Bebeto e Stoichkov. Stoichkov foi o artilheiro da Copa com 6 gols, ao lado de Oleg Salenko. O vencedor da Bola de Ouro foi o brasileiro Romário. Nessa copa a FIFA introduziu uma nova premiação, agora para o melhor goleiro da Copa. O prêmio

Yashin, uma homenagem ao goleiro russo Lev Yashin, foi dado ao belga Michel Preud'homme.

Em 1998, o Brasil com Ronaldo, Rivaldo, Cafu, Roberto Carlos e Dunga não conseguiu ser páreo para a seleção francesa com Barthez, Deschamps, Zidane e Petit. Zidane brilhou e foi essencial para levar a França ao seu primeiro título. Apesar disso, a Bola de Ouro foi para o brasileiro Ronaldo, que havia jogado uma grande copa até antes da final. O francês Fabien Barthez levou o prêmio Yashin. O artilheiro, com 6 gols, foi o croata Davor Šuker.

2002 foi a redenção para os brasileiros. Ronaldo, Rivaldo e Ronaldinho ajudam a levar o Brasil à final contra a Alemanha e, com dois gols de Ronaldo, o Brasil conquistou seu quinto título. Ronaldo foi o artilheiro da Copa com 8 gols. Oliver Kahn foi eleito o melhor jogador e melhor goleiro da Copa, levando a Bola de Ouro e o Prêmio Yashin. Até hoje, ele é o único goleiro a ter conquistado a Bola de Ouro.

Em 2006 tivemos uma Copa cheia de grandes nomes como Buffon, Villa, Torres, Alonso, Ronaldo, Kaká, Beckham, Messi, Cristiano Ronaldo, Cannavaro, Zidane, Pirlo, Totti, Figo, Henry, Drogba e Klose. Zidane foi eleito o melhor jogador da Copa conquistando a Bola de Ouro. Porém, isso não foi suficiente para levar a sua seleção ao título, que acabou ficando com os italianos. O prêmio Yashin foi dado ao goleiro italiano, Gianluigi Buffon. O artilheiro, com 5 gols, foi Miroslav Klose, da Alemanha.

Na Copa de 2010 vimos um Müller brilhante, artilheiro da Copa com 5 gols ao lado do holandês Wesley Sneijder. O uruguaio Forlán foi eleito o melhor jogador e levou a Bola de Ouro. O prêmio Yashin foi renomeado Luva de Ouro e foi conquistado pelo espanhol Iker Casillas. A seleção espanhola contava com grandes estrelas como Casillas, Ramos, Puyol, Iniesta, Xavi e Villa. Eles foram essenciais na campanha espanhola rumo ao seu primeiro título.

Em 2014, o colombiano James Rodriguez encantou o mundo com um futebol impressionante. Ele conseguiu se destacar em um torneio cheio de estrelas como Neuer, Klose, Hummels, Müller, Robben, Neymar, Messi, Di Maria, Benzema, dentre outros. Ele foi o artilheiro da Copa com 6 gols. A Luva de Ouro foi dada ao alemão Neuer. Messi e Müller ganharam, respectivamente, a Bola de Ouro e a Bola de Prata. Porém, no duelo na final, Müller levou vantagem e conseguiu ajudar a Alemanha a conquistar seu quarto título.

Em 2018 vimos estrelas como Kane, Griezmann, Hazard, Modrić, Courtois, Lukaku e Mbappé. O croata Modrić levou a Bola de Ouro, o belga Thibaut Courtois ganhou a Luva de Ouro, e o inglês Harry Kane foi o artilheiro com 6 gols.

Quatro anos mais tarde, em 2022, Mbappé repetiu a boa atuação e foi o artilheiro do torneio com 8 gols. Ele se tornou o segundo jogador a fazer um *hat-trick* em uma final. Porém, a sua boa atuação não ofuscou o brilho de Messi. Essencial na campanha argentina, Messi garantiu a bola de ouro e o título argentino. A Luva de ouro foi dada a Emiliano Martínez, da Argentina.

Além dos heróis, temos as seleções que também fizeram história. Algumas foram campeãs, outras não. Porém, deixaram a sua marca registrada para sempre na memória dos torcedores.

Começamos pelo Uruguai de 1930. A seleção uruguaia chegou à Copa após vencer os dois últimos torneios olímpicos realizados em 1924 e 1928. Na época, as Olimpíadas eram o único torneio de futebol de âmbito mundial. Chegaram como favoritos, venceram todos os jogos e se consagraram como os primeiros campeões da Copa do Mundo FIFA.

Na sequência, não podemos deixar de incluir as duas únicas seleções que conseguiram vencer o torneio duas vezes consecutivas: a Itália de 1934/1938 e o Brasil de 1958/1962.

A Itália da década de 1930 ficou conhecida com *Squadra Azzurra*. A seleção italiana, além de ter vencido duas copas nesse período, venceu também o torneio de futebol nos Jogos Olímpicos de 1936 em Berlim e, entre 1935 e 1939, chegou a 30 jogos de invencibilidade. Apesar da seleção de 1938 ter contado com apenas 4 jogadores da equipe de 1934, ela teve o mesmo técnico, Vittorio Pozzo. Até hoje, Pozzo é o único técnico a ter vencido duas Copas do Mundo.

A seleção brasileira de 1962 contava com 14 jogadores do elenco campeão em 1958. O Brasil chegou ao Chile como favorito, após a surpreendente e brilhante atuação na Copa anterior. Novamente, apresentou um futebol com arte, beleza e muitos gols, conseguindo garantir o seu segundo título.

Porém, entre o bicampeonato da Itália e o bicampeonato do Brasil, tivemos outra seleção que merece destaque: a Hungria de 1954. A seleção húngara entrou para a história mesmo sem ter levado o título. Com uma campanha impecável, a equipe era uma máquina de fazer gols. Fizeram 27 gols em cinco jogos. Um fato incrível dessa equipe foi como conseguiram abrir 2-0 no placar em todos os jogos, da fase inicial à fase final. Porém, mesmo abrindo 2-0 na final contra a Alemanha nos primeiros 8 minutos de jogo, não conseguiram segurar o placar e perderam para os donos da casa.

E chegamos a 1970. A seleção brasileira de 1970 é considerada pela crítica como a melhor seleção de todos os tempos. Da equipe bicampeã, só sobrou Pelé. Porém, uma nova safra de craques se juntou a ele. Era um time mágico, com jogadores acima da média e que tornavam o futebol uma arte. Venceram todos os jogos, desde as eliminatórias da Copa, até a final.

A Holanda de 1974 e 1978 também foi outra seleção que fez história, mas não conseguiu levar o título. A seleção holandesa apresentou um futebol inovador, que deixava os adversários perdidos em campo, já que os seus jogadores não tinham posição fixa. Por isso, foram apelidados de Carrossel Holandês, sendo também chamados de Laranja Mecânica. Porém, apesar de boas campanhas durante as duas Copas, perderam as duas finais para os donos da casa, Alemanha, em 1974 e Argentina, em 1978.

Na Espanha, em 1982, o Brasil repetiu a história da Hungria e da Holanda. A equipe brasileira, treinada por Telê Santana, era considerada um esquadrão mágico por grande parte da crítica mundial. Venceu os três jogos da primeira fase de grupos classificando-se em primeiro lugar. O Brasil marcou 10 gols e levou apenas 2 nos três primeiros jogos. Na segunda fase, a seleção brasileira ficou no mesmo grupo que a Argentina, campeã na Copa anterior, e a bicampeã Itália. No primeiro jogo, o Brasil venceu a Argentina por 3-1. No jogo final do grupo, bastava um empate contra a Itália para que o Brasil avançasse para as semifinais. Porém, em um dia em que Paolo Rossi brilhou, o Brasil caiu diante da Itália e voltou para casa mais cedo.

Em 2010 vimos a Espanha levar o título pela primeira vez em sua história. A seleção espanhola havia conquistado a Eurocopa dois anos antes. A equipe apresentava um futebol com muita posse de bola e jogadores extremamente técnicos.

Eles simplesmente não deixavam o adversário jogar. Conquistaram o título e, dois anos depois, venceram a Eurocopa novamente.

E assim prosseguimos a cada torneio. Novas estrelas surgem, algumas continuam a brilhar, outras param de brilhar. Novos esquadrões aparecem, novas táticas e novos estilos são apresentados. Porém, o encanto e a magia do futebol continuam sempre presentes, encantando bilhões ao redor do mundo. E a cada quatro anos, todos se reúnem para participar dessa magia.

A Copa do Mundo FIFA

A Copa do Mundo da FIFA é a principal competição internacional de futebol e sua história remonta ao início do século XX. É um dos eventos esportivos mais assistidos, atraindo pessoas de todo o mundo aos países anfitriões.

No início do século XX, Jules Rimet, presidente da FIFA de 1921 a 1954, propôs a ideia de um torneio global de futebol. A FIFA (*Fédération Internationale de Football Association*) havia sido fundada em Paris em 1904. França, Bélgica, Dinamarca, Holanda, Espanha, Suécia e Suíça foram as primeiras associações de futebol a aderir.

À medida que a popularidade do futebol começou a aumentar, a FIFA tentou organizar um torneio internacional de futebol fora das Olimpíadas. Em 1906, aconteceu uma competição na Suíça. Porém, acabou sendo considerada um fracasso na história oficial da FIFA.

Os Jogos Olímpicos permitiam apenas que equipes amadoras competissem. Por isso, começaram a surgir várias competições envolvendo equipes profissionais fora das Olimpíadas.

No final da primeira década do século XX, dois torneios foram organizados em Turim. Em 1908, a revista italiana "*La Stampa Sportiva*" organizou o "*Torneo Internazionale Stampa*

Sportiva". Em 1909, o empresário escocês e magnata do chá, Sir Thomas Lipton, organizou o *"Sir Thomas Lipton Trophy"*.

Ambos os torneios foram disputados por clubes europeus, e não por seleções nacionais. Mesmo assim, Sir Thomas Lipton afirmou que seu torneio foi a primeira Copa do Mundo, ofuscando seu antecessor italiano menos conhecido. No entanto, como não se tratava de competições entre seleções nacionais, nenhum dos dois foi reconhecido como Copa do Mundo pela FIFA.

Em 1914, a FIFA e o COI (Comitê Olímpico Internacional) chegaram a um acordo e, a partir daí, a FIFA reconheceria o torneio olímpico como um campeonato mundial de futebol para amadores. Desta forma, a FIFA assumiu a responsabilidade pela organização dos eventos em 1920, 1924 e 1928.

No entanto, as Olimpíadas de 1932, que seriam sediadas em Los Angeles, EUA, não incluiriam o futebol por esse não ser um esporte popular no país. Foi quando a FIFA decidiu organizar o seu próprio torneio internacional.

A FIFA escolheu o Uruguai como sede da primeira Copa do Mundo. A decisão foi influenciada pelas vitórias consecutivas do Uruguai nos dois últimos torneios olímpicos (1924 e 1928) e pelas celebrações do centenário da Independência do país.

A partir de 1930, a Copa do Mundo de Futebol seria disputada a cada 4 anos. O torneio foi interrompido apenas durante a Segunda Guerra Mundial. Brasil, Argentina e Alemanha haviam se candidatado para o torneio de 1942. Porém, a guerra cancelou o torneio antes da escolha do país sede. Devido à guerra em curso, não foi considerada a organização de um torneio em 1946. Com o fim da guerra, a FIFA queria a volta do torneio o mais rápido possível e definiu que a Copa do Mundo retornaria em 1949. Mas como vários países europeus estavam em ruínas e ainda sofrendo as consequências dos vários anos de luta, ninguém se ofereceu para sediá-lo. Foi quando o Brasil se ofereceu, desde que a FIFA aceitasse mudar o torneio para 1950, o que foi aceito pela FIFA.

A Copa do Mundo é hoje um dos eventos esportivos mais assistidos em todo o mundo. As eliminatórias da Copa começam dois anos antes do torneio, com aproximadamente 200 nações disputando uma vaga na competição final.

As seis confederações da FIFA organizam as eliminatórias: UEFA (Europa), CONMEBOL (América do Sul), CONCACAF (América do Norte e Central), AFC (Ásia), CAF (África) e OFC (Oceania).

Campeões

Brasil - 1958, 1962, 1970, 1994, 2002

Itália - 1934, 1938, 1982, 2006

Alemanha / Alemanha Ocidental - 1954, 1974, 1990, 2014

Argentina - 1978, 1986, 2022

Uruguai - 1930, 1950

França - 1998, 2018

Inglaterra – 1966

Espanha – 2010

O troféu Jules Rimet: Glória e Roubo

O troféu feito para a primeira Copa do Mundo foi batizado de Victory. Era feito de prata esterlina banhada a ouro com uma base de lápis-lazúli. Ele representava Nike, a deusa grega da vitória, pesava 3,8 kg e tinha 35 cm de altura. Ao redor de sua base havia placas onde estavam gravados os nomes dos vencedores.

Em 1946, o Troféu da Copa do Mundo foi rebatizado de Troféu Jules Rimet, em homenagem àquele que tornou realidade a criação da FIFA e da Copa do Mundo.

De 1930 a 1970, as nações vencedoras da Copa do Mundo manteriam o troféu em seus países até a próxima competição. Havia também uma regra que, se um país vencesse o torneio três vezes, ele receberia o troféu em definitivo. O Brasil, tendo vencido em 1958, 1962 e 1970, foi então agraciado com o Troféu Jules Rimet. Infelizmente, em 1983, o troféu foi roubado. Quatro pessoas foram presas e condenadas, mas apenas a base do troféu foi encontrada. Acredita-se que foi derretido e vendido.

Mas esse não foi o primeiro roubo do troféu. Em 1966, 4 meses antes do início da Copa do Mundo, o troféu estava em exposição pública no Westminster Central Hall em Londres quando foi roubado. Ele foi encontrado sete dias depois no sul de Londres por um cachorro vira-lata preto e branco chamado Pickles. Um homem foi preso e condenado pelo roubo.

Outro fato interessante do troféu foi o início de uma tradição a respeito dele. Ao receber o troféu, o capitão brasileiro Bellini atendeu ao pedido de um fotógrafo que queria fotografar o troféu. Ele então levantou-o no ar e todos os capitães vencedores da taça, desde então, repetiram o gesto.

Vencedores do troféu Jules Rimet

Brasil – 1958, 1962, 1970

Uruguai – 1930, 1950

Itália – 1934, 1938

Inglaterra – 1966

Alemanha Ocidental – 1954

Troféu da Copa do Mundo FIFA

Para substituir o Troféu Jules Rimet, um novo modelo foi criado. Cinquenta e três escultores de sete países se inscreveram e o desenho criado por Silvio Gazzaniga, artista italiano, foi o vencedor. Foi feito pelos Bertoni na Itália e retrata duas pessoas segurando a Terra. Possui faixas de malaquita na base, pesa 6,175 kg e tem 36,8 cm de altura.

O novo troféu foi utilizado pela primeira vez na Copa do Mundo de 1974. A Alemanha Ocidental se tornou a primeira nação a conquistá-lo.

No passado, o troféu ficava em posse da nação vencedora até o torneio seguinte. A partir de 1974, a FIFA criou uma réplica, mantendo a taça original em sua sede. A equipe vencedora passou a levar apenas uma réplica para o seu país, mantendo a sua posse até o torneio seguinte. Caso um país vença o torneio três vezes, ele mantém a réplica em definitivo. A primeira nação a vencer a Copa do Mundo três vezes, depois que o novo troféu começou a ser utilizado, foi a Alemanha (1974, 1990 e 2014). A Argentina se tornou a segunda nação a ganhar a posse de uma réplica após vencer em 1978, 1986 e 2022.

Os nomes dos vencedores estão gravados na base do troféu. Como a base só tem espaço para novas placas até 2038, acredita-se que um novo troféu será confeccionado.

Vencedores do troféu Copa do Mundo FIFA

Argentina – 1978, 1986, 2022

Alemanha Ocidental / Alemanha – 1974, 1990, 2014

França – 1998, 2018

Itália – 1982, 2006

Brasil – 1994, 2002

Espanha – 2010

Países Sede

1930 – Uruguai

1934 – Itália

1938 – França

1950 – Brasil

1954 – Suíça

1958 – Suécia

1962 – Chile

1966 – Inglaterra

1970 – México

1974 - Alemanha Ocidental

1978 – Argentina

1982 – Espanha

1986 – México

1990 – Itália

1994 - Estados Unidos

1998 – França

2002 - Japão / Coreia do Sul

2006 – Alemanha

2010 - África do Sul

2014 – Brasil

2018 – Rússia

2022 - Catar

Próximas Copas:

2026 – Canadá / México / Estados Unidos

2030 FIFA World Cup – Marrocos, Portugal, Espanha

* os dois primeiros jogos dessa copa serão disputados no Uruguai e na Argentina em comemoração aos 100 anos do torneio. O Uruguai foi o país sede da primeira Copa em 1930. [4]

2034 – Arábia Saudita

Número de participações em Copas

África do Sul – 3

Alemanha / Alemanha Ocidental – 20

Alemanha Oriental – 3

Angola – 1

Arábia Saudita – 6

Argélia – 4

Argentina – 18

Austrália – 6

Áustria – 7

Bélgica – 14

Bolívia – 3

Bósnia e Herzegovina – 1

Brasil – 22

Bulgária – 7

Camarões – 8

Canadá – 2

Catar – 1

Chile – 9

China – 1

Colômbia – 6

Congo / Zaire - 1

Coreia do Norte – 2

Coreia do Sul – 11

Costa do Marfim – 3

Costa Rica – 6

Croácia – 6

Cuba – 1

Dinamarca – 6

Egito – 3

El Salvador – 2

Emirados Árabes Unidos – 1

Equador – 4

Escócia – 8

Eslováquia – 1

Eslovênia – 2

Espanha – 16

Estados Unidos – 11

França – 16

Gana – 4

Grécia – 3

Haiti – 1

Honduras – 3

Hungria – 9

Indonésia – 1

Inglaterra – 16

Irã – 6

Iraque – 1

Irlanda – 3

Irlanda do Norte – 3

Islândia – 1

Itália – 18

Jamaica – 1

Japão – 7

Kuwait – 1

Marrocos – 6

México – 17

Nigéria – 6

Noruega – 3

Nova Zelândia – 2

País de Gales – 2

Países Baixos – 11

Panamá – 1

Paraguai – 8

Peru – 5

Polônia – 9

Portugal – 8

República Tcheca / Tchecoslováquia - 9

Romênia – 7

Rússia / União Soviética – 11

Senegal – 3

Sérvia – 13

Suécia – 12

Suíça – 12

Togo – 1

Trinidade e Tobago – 1

Tunísia – 6

Turquia – 2

Ucrânia – 1

Uruguai - 14

Fatos interessantes e estatísticas da Copa do Mundo

- **Maior número de títulos:**
  País: Brasil - 5 (1958, 1962, 1970, 1994, 2002)
  Jogador: Pelé (Brasil) - 3 (1958, 1962, 1970)
- **Maior número de finais:**
  País: Alemanha - 8 (1954, 1966, 1974, 1982, 1986, 1990, 2002, 2014)
  Jogador: Cafu (Brasil) - 3 (1994, 1998, 2002)
- **Maior número de títulos consecutivos:**
  País: Itália - 2 (1934, 1938), Brasil - 2 (1958, 1962)
  Jogadores: Giovanni Ferrari, Guido Masetti, Giuseppe Meazza, Eraldo Monzeglio (Itália - 1934, 1938) - Pelé, Bellini, Castilho, Didi, Djalma Santos, Garrincha, Gilmar, Mauro, Nilton Santos, Pepe, Vavá, Zagallo, Zito, Zózimo (Brasil - 1958, 1962)
- **Maior número de participações na Copa do Mundo**
  País: Brasil – único país a participar de todas as Copas
  Jogadores: 5 Copas - Antonio Carbajal, Rafael Márquez, Guillermo Ochoa e Andrés Guardado (México), Lothar Matthäus (Alemanha), Cristiano Ronaldo (Portugal), Lionel Messi (Argentina), Gianluigi Buffon (Itália).
- **Maior número de partidas jogadas**
  Lionel Messi (Argentina) – 26 jogos

- **Maior número de gols marcados em todas as edições**
  País: Brasil - 237 gols
  Jogador: Miroslav Klose (Alemanha) - 16 gols
- **Maior número de gols marcado em uma edição**
  País: Hungria - 27 gols (1954)
  Jogador: Just Fontaine (França) - 13 gols (1958)
- **Maior número de gols marcados em uma partida**
  12 gols – Áustria 7-5 Suíça (1954)
- **Maior goleada / Maior número de gols marcados por uma equipe em uma partida**
  Hungria - 10 gols (Hungria 10-1 El Salvador - 1982)
- **Maior número de edições em que um jogador marcou gol**
  Cristiano Ronaldo é o único jogador que marcou gols em 5 edições de Copas do Mundo (2006, 2010, 2014, 2018, 2022).
- **Maior número de vitórias consecutivas:**
  Brasil - 11 (2002 a 2006).
- **Maior número de derrotas consecutivas:**
  México – 9 (1930 a 1958)
- **Maior número de empates consecutivos:**
  Bélgica - 5 (1998 a 2002)
- **Maior número de partidas sem perder:**
  Brasil – 13 (1958 a 1966)
- **Maior número de partidas sem vencer:**
  Bulgária – 17 (1962 a 1994)
- **Maior número partidas sem empatar:**
  Portugal – 16 (1966 a 2006)

- A Itália foi a primeira seleção a conquistar 2 títulos.

- Brasil foi o primeiro time a conquistar 3, 4 e 5 títulos.

- A Inglaterra não participou das 3 primeiras Copas do Mundo devido a uma disputa com a FIFA. As nações britânicas retiraram-se da FIFA em 1928, 2 anos antes da primeira Copa do Mundo.

- O maior público foi na final de 1950. 199.854 torcedores lotaram o Estádio do Maracanã, no Rio de Janeiro, quando viram o Brasil perder o título para o Uruguai.

- A Copa com a maior média de público foi a de 1994, nos Estados Unidos. O torneio teve uma média de 68.991 torcedores por jogo.

- O primeiro empate sem gols ocorreu em 1958: Brasil 0-0 Inglaterra.

- O primeiro jogo entre campeões ocorreu em 1962: Alemanha Ocidental 0-0 Itália.

- A partida mais longa (sem prorrogação) ocorreu em 2022 entre Inglaterra e Irã. Durou 114 minutos.

- Gol mais rápido da Copa do Mundo – 11 segundos, marcado por Hakan Sükür (Turquia) contra a Coreia do Sul.

- Laszlo Kiss (Hungria) detém dois recordes. Ele é o único jogador substituto a ter feito um *hat-trick*. Além disso, foi o *hat-trick* mais rápido da história das Copas. Ele entrou no jogo aos 10' do segundo tempo e marcou 3 gols em 7 minutos: aos 69', 72' e 76'.

- **Seleções campeãs que perderam o jogo de estreia na Copa seguinte:**

  1950 – Itália 2-3 Suécia

  1982 – Argentina 0-1 Bélgica

  1990 – Argentina 0-1 Camarões

  2002 – França 0-1 Senegal

  2014 – Espanha 1-5 Holanda

  2018 – Alemanha 0-1 México

- **Países que foram campeões fora de seu continente:**

  Brasil: 1958 (Suécia), 1970 (México), 1994 (Estados Unidos), 2002 (Japão/Coreia do Sul)

  Argentina: 1986 (México), 2022 (Catar)

  Espanha: 2010 (África do Sul)

  Alemanha: 2014 (Brasil)

- **Países que foram campeões ao sediar a Copa:**

  Uruguai (1930), Itália (1934), Inglaterra (1966), Alemanha Ocidental (1974), Argentina (1978), França (1998)

Copa do Mundo de 1930
Uruguai

A primeira Copa do Mundo FIFA aconteceu no Uruguai em 1930. O Uruguai foi escolhido porque o país comemoraria seu centenário e a seleção uruguaia havia conquistado o título de futebol nos Jogos Olímpicos de Verão de 1924 e 1928.

Treze equipes participaram do torneio: sete da América do Sul, quatro da Europa e duas da América do Norte. Poucas seleções europeias aceitaram o convite devido às dificuldades de viagem para a América do Sul. A viagem de navio durava, em média, 15 dias. Além disso, muitos países sofriam os impactos da Grande Depressão.

A Copa de 1930 foi a única sem uma fase eliminatória. Todos os países afiliados à FIFA foram convidados a participar. O plano inicial era um torneio mata-mata com 16 equipes. Como apenas 16 seleções aceitaram o convite, não houve a necessidade de realizar as eliminatórias. Porém, três países acabaram não participando: Japão e Sião desistiram, e o Egito perdeu o navio que os levaria ao Uruguai.

As 13 equipes foram divididas em quatro grupos, e os vencedores de cada grupo avançariam às semifinais.

O primeiro gol em uma Copa do Mundo foi marcado pelo francês Lucien Laurent, na vitória da França sobre o México por 4-1. Bert Patenaude, dos Estados Unidos, tornou-se o primeiro jogador a marcar três gols em uma partida na Copa. Os gols foram marcados na vitória dos Estados Unidos sobre o Paraguai por 3-0.

Nas semifinais, o Uruguai venceu os Estados Unidos e a Argentina venceu a Iugoslávia, ambos os jogos terminando com o placar de 6-1.

A final foi disputada pelos donos da casa, Uruguai, contra a Argentina. O Uruguai abriu o placar com Dorado aos 12'. Mas, oito minutos depois, Peucelle empatou para os argentinos. Aos 37', Stábile colocou a Argentina à frente no placar. No segundo tempo, Cea empatou para o Uruguai aos 57'. Nove minutos depois, Iriarte marcou para o Uruguai virando o jogo novamente. Faltando um minuto para o fim do jogo Castro marcou o quarto gol uruguaio e, com uma vitória por 4-2, o Uruguai se sagrou o primeiro campeão da Copa do Mundo da FIFA.

Seleções participantes: Argentina, Bélgica, Bolívia, Brasil, Chile, Estados Unidos, França, Iugoslávia, México, Paraguai, Peru, Romênia, Uruguai.

Campeão: Uruguai
Vice-campeão: Argentina
Terceiro lugar: Estados Unidos

Artilheiro: Gillermo Stábile, Argentina – 8 gols
Seleção com maior número de gols: Argentina – 18 gols

Gols marcados na Copa: 70 gols
Média de gols por partida: 3,89

Jogos

Forma de disputa

As equipes foram divididas em quatro grupos e, dentro de cada grupo, todas jogavam entre si. Os vencedores de cada grupo avançaram para as semifinais. As semifinais e a final foram disputadas em formato de mata-mata.

Fase de grupos

Pos: posição; **P:** pontos; **V:** vitórias; **E:** empates; **D:** derrotas; **G+:** gols pro; **G-:** gols contra

Grupo 1

Pos	Seleção	P	V	E	D	G+	G-
1	Argentina	6	3	0	0	10	4
2	Chile	4	2	0	1	5	3
3	França	2	1	0	2	4	3
4	México	0	0	0	3	4	13

França 4-1 México

Argentina 1-0 França

Chile 3-0 México

Chile 1-0 França

Argentina 6-3 México

Argentina 3-1 Chile

Grupo 2

Pos	Seleção	P	V	E	D	G+	G-
1	Iugoslávia	4	2	0	0	6	1
2	Brasil	2	1	0	1	5	2
3	Bolívia	0	0	0	2	0	8

Iugoslávia 2-1 Brasil

Iugoslávia 4-0 Bolívia

Brasil 4-0 Bolívia

Grupo 3

Pos	Seleção	P	V	E	D	G+	G-
1	Uruguai	4	2	0	0	5	0
2	Romênia	2	1	0	1	3	5
3	Peru	0	0	0	2	1	4

Romênia 3-1 Peru

Uruguai 1-0 Peru

Uruguai 4-0 Romênia

Grupo 4

Pos	Seleção	P	V	E	D	G+	G-
1	Estados Unidos	4	2	0	0	6	0
2	Paraguai	2	1	0	1	1	3
3	Bélgica	0	0	0	2	0	4

Estados Unidos 3-0 Bélgica

Estados Unidos 3-0 Paraguai

Paraguai 1-0 Bélgica

Semifinais

Argentina 6-1 Estados Unidos

Uruguai 6-1 Iugoslávia

Final

Uruguai 4-2 Argentina

Copa do Mundo de 1934
Itália

A Copa de 1934 foi realizada na Itália. O país foi escolhido frente à Suécia. Trinta e seis seleções se inscreveram para disputar as 16 vagas em uma fase eliminatória. O campeão Uruguai boicotou a competição em retaliação pois apenas quatro seleções europeias aceitaram participar da Copa de 1930, realizada no Uruguai. Com isso, a Copa de 1934 acabou sendo a única na qual o detentor do título não participou.

Como em 1930, as seleções britânicas (Inglaterra, Escócia, Irlanda do Norte e País de Gales) também se recusaram a participar.

Como não havia vaga reservada ao país sede, a Itália também disputou a fase eliminatória. Essa foi a única Copa na qual o país sede teve que disputar as eliminatórias. Foram reservadas 12 vagas para a Europa, 3 para as Américas, 1 para África e Ásia.

Um fato curioso ocorreu na disputa pelo terceiro lugar, quando a Alemanha e a Áustria iriam se enfrentar. Ambas as seleções entraram em campo vestindo camisas brancas. Como as equipes não tinham uniforme reserva, um cara ou coroa determinou que a Áustria teria que trocar o uniforme. A equipe austríaca conseguiu o empréstimo das camisas azul claras da equipe italiana Lazio, jogando então de azul.

A final foi disputada entre a Itália e a Tchecoslováquia. O primeiro gol do jogo saiu apenas aos 71', quando Puc marcou para os tchecos. Aos 81', a Itália empatou com um gol de Orsi. No final do tempo regulamentar, o placar marcava 1-1. Na prorrogação, Schiavio marcou para a Itália logo no começo. A equipe italiana conseguiu segurar o placar até o fim, vencendo com o placar de 2-1 e garantindo o título da segunda Copa do Mundo realizada pela FIFA.

Seleções participantes: Alemanha, Argentina, Áustria, Bélgica, Brasil, Tchecoslováquia, Egito, Espanha, Estados Unidos, França, Holanda, Hungria, Itália, Romênia, Suécia, Suíça.

Campeão: Itália
Vice-campeão: Tchecoslováquia
Terceiro lugar: Alemanha

Artilheiro: Oldřich Nejedlý, Tchecoslováquia – 5 gols
Seleção com maior número de gols: Itália: 12 gols

Gols marcados na Copa: 70 gols
Média de gols por partida: 4.375

Jogos

Forma de disputa

O torneio foi em formato de mata-mata. Se uma partida terminasse empatada após o tempo regulamentar, haveria uma prorrogação de 30 minutos. Caso o empate persistisse, uma nova partida seria realizada no dia seguinte. Não havia disputa de pênaltis na época. Elas foram introduzidas apenas em 1974.

Oitavas de final

Itália 7-1 Estados Unidos

Espanha 3-1 Brasil

Áustria 3-2 França

Hungria 4-2 Egito

Tchecoslováquia 2-1 Romênia

Suíça 3-2 Holanda

Alemanha 5-2 Bélgica

Suécia 3-2 Argentina

Quartas de final

Itália 1-1 Espanha

Áustria 2-1 Hungria

Alemanha 2-1 Suécia

Tchecoslováquia 3-2 Suíça

Replay (após empate no primeiro jogo)

Itália 1-0 Espanha

Semifinais

Itália 1-0 Áustria

Tchecoslováquia 3-1 Alemanha

Disputa do terceiro lugar

Alemanha 3-2 Áustria

Final

Itália 2-1 Tchecoslováquia

Copa do Mundo de 1938
França

A Copa de 1938 foi a segunda consecutiva realizada na Europa. França, Alemanha e Argentina competiram para sediar o torneio de 1938, mas a França venceu no primeiro turno de votação. Esta decisão de sediar dois torneios consecutivos na Europa causou indignação nas Américas e, por causa disso, Uruguai, Argentina, Estados Unidos e México se recusaram a entrar na competição.

A Espanha foi impedida de participar devido à Guerra Civil Espanhola e se tornou a primeira seleção excluída da Copa do Mundo devido a uma guerra.

Este foi o primeiro torneio para o qual o país sede e a seleção detentora do título se classificaram automaticamente, sem a necessidade de disputar a fase eliminatória.

Restando apenas 14 vagas, 11 foram destinadas à Europa, 2 às Américas e 1 à Ásia. Por causa disso, apenas três equipes não europeias competiram. A Áustria se classificou, porém, com a sua anexação à Alemanha, desistiu de participar do torneio. No entanto, alguns jogadores austríacos foram convocados para a seleção alemã. Como nenhuma outra seleção foi convidada para substituir a seleção austríaca, a Suécia, que seria o adversário da Áustria na primeira fase, avançou automaticamente à segunda fase.

A Itália chegou à sua segunda final consecutiva, desta vez contra a Hungria. Colaussi abriu o placar para os italianos aos 6'. O húngaro Titkos empatou dois minutos depois. Aos 16', Piola colocou os italianos à frente novamente. Aos 35', Colaussi marcou seu segundo gol na final, ampliando a vantagem dos italianos. No segundo tempo, Sárosi marcou o segundo gol húngaro aos 70', mas a Itália conseguiu ampliar novamente a vantagem aos 82' com outro gol de Piola. A Itália venceu a Hungria por 4-2, tornando-se a primeira nação a vencer duas vezes e, ainda por cima, consecutivamente.

Seleções participantes: Alemanha, Áustria (desistiu), Bélgica, Brasil, Cuba, Tchecoslováquia, França, Hungria, Indonésia, Itália, Holanda, Noruega, Polônia, Romênia, Suécia, Suíça.

Campeão: Itália
Vice-campeão: Hungria
Terceiro lugar: Brasil

Artilheiro: Leônidas, Brasil – 7 gols
Seleção com maior número de gols: Hungria – 15 gols

Gols marcados na Copa: 84 gols
Média de gols por partida: 5,25

Jogos

Forma de disputa

Mantendo o formato de 1934, o torneio foi disputado em formato de mata-mata. Caso uma partida terminasse empatada após o tempo regulamentar, haveria uma prorrogação de 30 minutos. Caso o empate persistisse, uma nova partida seria realizada no dia seguinte. Não havia disputa de pênaltis na época. Elas foram introduzidas apenas em 1974.

Oitavas de final

Suíça 1-1 Alemanha

Hungria 6-0 Indonésia

Suécia w/o Áustria

Cuba 3-3 Romênia

França 3-1 Bélgica

Itália 2-1 Noruega

Brasil 6-5 Polônia

Tchecoslováquia 3-0 Holanda

Replays (após empate no primeiro jogo)

Suíça 4-2 Alemanha

Cuba 2-1 Romênia

Quartas de final

Hungria 2-0 Suíça

Suécia 8-0 Cuba
Itália 3-1 França
Brasil 1-1 Tchecoslováquia
Replay (após empate no primeiro jogo)
Brasil 2-1 Tchecoslováquia

Semifinais

Hungria 5-1 Suécia
Itália 2-1 Brasil

Disputa do terceiro lugar

Brasil 4-2 Suécia

Final

Itália 4-2 Hungria

Copa do Mundo de 1950
Brasil

Após o fim da II Guerra mundial, a FIFA queria que o torneio retornasse o mais rápido possível. Decidiram, então, organizar a 4ª edição do torneio em 1949. Com grande parte da Europa em ruínas, nenhum país se ofereceu para sediar o torneio. Foi quando o Brasil se ofereceu como sede com a condição de que o torneio fosse realizado em 1950. A FIFA aceitou a proposta e o Brasil se tornou a sede da 4ª Copa do Mundo.

As 16 vagas da Copa foram distribuídas da seguinte maneira: 1 para o país sede, 1 para a Itália, campeã em 1938, 7 para a Europa, 6 para as Américas e 1 para a Ásia. A Alemanha e o Japão, ainda ocupados pelas nações aliadas (o que ocorreu após o término da II Guerra Mundial), não puderam participar. A maioria das seleções de países da Cortina de Ferro como a União Soviética, a Tchecoslováquia e a Hungria, recusaram-se a participar. A Iugoslávia foi a única seleção do Leste Europeu a competir. Argentina, Equador e Peru desistiram após a fase eliminatória devido a uma disputa política entre as confederações de futebol brasileira e argentina. As seleções do Reino Unido, pela primeira vez, participaram de uma Copa após o fim da disputa da confederação britânica com a FIFA.

A seleção italiana, campeã em 1938, optou por viajar para o Brasil de navio. Essa decisão foi tomada devido ao recente acidente aéreo ocorrido com o time do Torino, onde todos os jogadores do time principal faleceram.

Após as eliminatórias, a Escócia e a Turquia desistiram de participar. Portugal, França, e a República da Irlanda foram convidados mas apenas a França aceitou o convite, pelo menos a princípio. No dia do sorteio dos grupos, 15 seleções estavam confirmadas. Porém, após o sorteio, Índia e França desistiram de participar. Com isso, apenas 13 seleções participaram do torneio.

O formato da Copa do Mundo FIFA de 1950 foi alterado em relação às copas anteriores. As equipes foram divididas em quatro grupos onde todas jogariam entre si. Com 2 pontos por vitória e 1 ponto por empate, em cada grupo, a equipe com mais pontos avançaria à fase final. A fase final foi disputada da mesma maneira: um grupo com 4 equipes, onde todas jogariam entre si. A seleção campeã seria a que somasse mais pontos nessa fase.

Esse formato com uma fase de grupos foi um grande passo para a popularização da Copa do Mundo. As Copas de 1934 e 1938 foram realizadas em formato de mata-mata. Em 1934, Brasil, Argentina e Estados Unidos cruzaram o Atlântico, perderam o primeiro jogo, sendo eliminados. Se hoje isso já seria difícil para uma seleção, imagina naquela época em que uma viagem entre a Europa e as Américas durava cerca de 15 dias!

As desistências ocorridas após a definição das seleções classificadas para o torneio causaram uma situação curiosa durante a fase de grupos. Nos grupos 1 e 2, cada um com 4 seleções, cada uma jogou 3 jogos. O grupo 3 tinha apenas 3 seleções, então cada uma jogou apenas 2 jogos. Já o grupo 4 tinha apenas 2 seleções: Uruguai e Bolívia. Um jogo único definiu quem avançaria para a fase final.

No último jogo do grupo 1, México e Suíça, já eliminados, apenas cumpririam tabela em uma partida que seria realizada em Porto Alegre, RS. Na hora do jogo, ambas as seleções entraram em campo de vermelho. O México ganhou o direito de jogar com o seu uniforme no cara ou coroa, mas mesmo assim deixou que a Suíça jogasse de vermelho. Então, naquele jogo, o México trocou suas camisas pelo uniforme do Esporte Clube Cruzeiro, um clube local de uma cidade próxima e entrou em campo com camisas listradas de azul e branco.

O último jogo da Copa de 1950 costuma ser confundido com a final porque, na última rodada da fase final, Brasil e Uruguai ocupavam as duas primeiras colocações. Ou seja, o campeão sairia deste jogo. O Brasil, que até então dominara a fase final com duas vitórias (6-1 e 7-1), jogava pelo empate. O Uruguai havia vencido apenas uma partida e empatado a outra.

E foi uma triste surpresa para os brasileiros. Com um primeiro tempo sem gols, Friaça abriu o placar para os brasileiros logo no início do segundo tempo. Aos 66', Schiaffino marcou para o Uruguai empatando o jogo. O empate ainda estava dando o título ao Brasil. Porém, Ghiggia conseguiu marcar para os uruguaios aos 79'. O Brasil não conseguiu empatar e acabou perdendo o jogo por 2-1 diante de quase 200 mil torcedores nas arquibancadas do Maracanã. E assim, o Uruguai ganhou o seu segundo título.

Seleções participantes: Bolívia, Brasil, Chile, Espanha, Estados Unidos, Inglaterra, Itália, Iugoslávia, México, Paraguai, Suécia, Suíça, Uruguai.

Campeão: Uruguai
Vice-campeão: Brasil
Terceiro lugar: Suécia

Artilheiro: Ademir, Brasil – 9 gols
Seleção com maior número de gols: Brasil – 22 gols

Gols marcados na Copa: 88 gols
Média de gols por partida: 4

Jogos

Forma de disputa

As equipes foram divididas em quatro grupos onde todas jogavam entre si. Com 2 pontos por vitória e 1 ponto por empate, a equipe com mais pontos em cada grupo avançaria à fase final. Na fase final, as quatro equipes classificadas jogavam entre si e o país campeão seria aquele que somasse mais pontos.

Fase de grupos

Pos: posição; **P:** pontos; **V:** vitórias; **E:** empates; **D:** derrotas; **G+:** gols pro; **G-:** gols contra

Grupo 1

Pos	Seleção	P	V	E	D	G+	G-
1	Brasil	5	2	1	0	8	2
2	Iugoslávia	4	2	0	1	7	3
3	Suíça	3	1	1	1	4	6
4	México	0	0	0	3	2	10

Brasil 4-0 México

Iugoslávia 3-0 Suíça

Brasil 2-2 Suíça

Iugoslávia 4-1 México

Brasil 2-0 Iugoslávia

Suíça 2-1 México

Grupo 2

Pos	Seleção	P	V	E	D	G+	G-
1	Espanha	6	3	0	0	6	1
2	Inglaterra	2	1	0	2	2	2
3	Chile	2	1	0	2	5	6
4	Estados Unidos	2	1	0	2	4	8

Inglaterra 2-0 Chile

Espanha 3-1 Estados Unidos

Espanha 2-0 Chile

Estados Unidos 1-0 Inglaterra

Espanha 1-0 Inglaterra

Chile 5-2 Inglaterra

Grupo 3

Pos	Seleção	P	V	E	D	G+	G-
1	Suécia	3	1	1	0	5	4
2	Itália	2	1	0	1	4	3
3	Paraguai	1	0	1	1	2	4

Suécia 3-2 Itália

Suécia 2-2 Paraguai

Itália 2-0 Paraguai

Grupo 4

Pos	Seleção	P	V	E	D	G+	G-
1	Uruguai	2	1	0	0	8	0
2	Bolívia	0	0	0	1	0	8

Uruguai 8-0 Bolívia

Fase Final

Pos	Seleção	P	V	E	D	G+	G-
1	Uruguai	5	2	1	0	7	5
2	Brasil	4	2	0	1	14	4
3	Suécia	2	1	0	2	6	11
4	Espanha	1	0	1	2	4	11

Uruguai 2-2 Espanha

Brasil 7-1 Suécia

Brasil 6-1 Espanha

Uruguai 3-2 Suécia

Suécia 3-2 Espanha

Uruguai 2-1 Brasil

Copa do Mundo de 1954
Suíça

A Copa de 1954 foi realizada na Suíça, que foi escolhida para sediar o torneio na mesma reunião na qual o Brasil foi escolhido para sediar 1950.

Com as vagas reservadas à anfitriã Suíça e Uruguai, campeão de 1950, as 14 vagas restantes foram distribuídas da seguinte maneira: 11 para a Europa (incluindo Egito, Turquia e Israel), 2 para as Américas e 1 para a Ásia. A Alemanha, agora dividida em Alemanha Oriental e Alemanha Ocidental, e o Japão foram autorizados a competir, após serem banidos em 1950. A Argentina se recusou, mais uma vez, a participar.

O destaque do torneio foi a Hungria. Com um recorde de 27 gols marcados durante o torneio, em todos os seus jogos, conseguiram abrir uma vantagem inicial de 2-0 no placar. Na fase de grupos, derrotou a Coreia do Sul por 9-0 e a Alemanha Ocidental por 8-3. Nas quartas de final e nas semifinais venceu o Brasil e o Uruguai, respectivamente, com o placar de 4-2.

A Hungria chegou à final para enfrentar os donos da casa, a Alemanha Ocidental. Invicta há 32 jogos, e com uma campanha espetacular, a seleção húngara entrou em campo como favorita ao título. Puskás abriu o placar para a Hungria aos 6'. Dois minutos depois, Czibor marcou o segundo gol húngaro. Mas os alemães não se deixaram abater, empataram o jogo ainda no primeiro tempo com Morlock aos 10', e Rahn aos 18'. O primeiro tempo terminou empatado. No segundo tempo, o jogo parecia estar a caminho de uma prorrogação quando Rahn, a seis minutos do fim, marcou o seu segundo gol no jogo virando o placar a favor dos alemães. Com a vitória por 3-2, a Alemanha se sagrou campeã da Copa pela primeira vez.

A seleção húngara foi a primeira seleção a fazer aquecimento antes das partidas.

Costuma-se dizer que a seleção húngara foi a primeira a fazer aquecimento antes das suas partidas, o que não era comum na época. Por isso, conseguia começar os jogos tão à frente de seus adversários.

Seleções participantes: Alemanha Ocidental, Áustria, Bélgica, Brasil, Tchecoslováquia, Coreia do Sul, Escócia, França, Hungria, Inglaterra, Itália, Iugoslávia, México, Suíça, Turquia, Uruguai.

Campeão: Alemanha Ocidental
Vice-campeão: Hungria
Terceiro lugar: Áustria

Artilheiro: Sándor Kocsis, Hungria – 11 gols
Seleção com maior número de gols: Hungria – 27 gols

Gols marcados na Copa: 140 gols
Média de gols por partida: 5,38

Jogos

Forma de disputa

O formato da Copa de 1954 foi um dos mais confusos até hoje.

- As seleções foram divididas em quatro grupos, cada grupo com duas seleções cabeças-de-chave e duas que não eram cabeça-de-chave.

- Dentro dos grupos, cada seleção jogava 2 jogos. Cada jogo do grupo era entre uma equipe cabeça-de-chave e outra que não era cabeça-de-chave.

- Pela primeira e única vez a prorrogação foi utilizada em jogos da fase de grupos. O empate seria confirmado apenas se o jogo ainda estivesse empatado no final da prorrogação.

- As duas seleções com mais pontos em cada grupo avançavam para as quartas de final. Caso duas seleções terminassem empatadas em pontos na segunda posição, a vaga seria definida em um jogo extra.

- Das quartas de final em diante o torneio prosseguiu em formato de mata-mata. Em caso de empate durante o mata-mata, uma segunda partida seria jogada. Persistindo o empate, a classificação seria decidida por sorteio.

Fase de grupos

Pos: posição; **P:** pontos; **V:** vitórias; **E:** empates; **D:** derrotas; **G+:** gols pro; **G-:** gols contra

Grupo 1

Pos	Seleção	P	V	E	D	G+	G-
1	Brasil	3	1	1	0	6	1
2	Iugoslávia	3	1	1	0	2	1
3	França	2	1	0	1	3	3
4	México	0	0	0	2	2	8

Brasil 5-0 México

Iugoslávia 1-0 França

Brasil 1-1 Iugoslávia

França 3-2 México

Grupo 2

Pos	Seleção	P	V	E	D	G+	G-
1	Hungria	4	2	0	0	17	3
2	Alemanha Ocidental	2	1	0	1	7	9
3	Turquia	2	1	0	1	8	4
4	Coreia do Sul	0	0	0	2	0	16

Alemanha Ocidental 4-1 Turquia

Hungria 9-0 Coreia do Sul

Hungria 8-3 Alemanha Ocidental

Turquia 7-0 Coreia do Sul

Play-off: Alemanha Ocidental 7-2 Turquia

Grupo 3

Pos	Seleção	P	V	E	D	G+	G-
1	Uruguai	4	2	0	0	9	0
2	Áustria	4	2	0	0	6	0
3	Tchecoslováquia	0	0	0	2	0	7
4	Escócia	0	0	0	2	0	8

Uruguai 2-0 Tchecoslováquia

Áustria 1-0 Escócia

Uruguai 7-0 Escócia

Áustria 5-0 Tchecoslováquia

Grupo 4

Pos	Seleção	P	V	E	D	G+	G-
1	Inglaterra	3	1	1	0	6	4
2	Suíça	2	1	0	1	2	3
3	Itália	2	1	0	1	5	3
4	Bélgica	1	0	1	1	5	8

Suíça 2-1 Itália

Inglaterra 4-4 Bélgica

Itália 4-1 Bélgica

Inglaterra 2-0 Suíça

Play-off: Suíça 4-1 Itália

Quartas de final

Áustria 7-5 Suíça

Uruguai 4-2 Inglaterra

Alemanha Ocidental 2-0 Iugoslávia

Hungria 4-2 Brasil

Semifinais

Alemanha Ocidental 6-1 Áustria

Hungria 4-2 Uruguai

Disputa do terceiro lugar

Áustria 3-1 Uruguai

Final

Alemanha Ocidental 3-2 Hungria

Copa do Mundo de 1958
Suécia

A sede da Copa de 1958 foi definida no Congresso da FIFA realizado no Rio de Janeiro, pouco antes da abertura da Copa de 1950. Argentina, Chile, México e Suécia se candidataram, mas os suecos acabaram vencendo a votação de forma unânime.

Para as eliminatórias, a FIFA apresentou as confederações, que dividiram as seleções conforme a sua zona continental. As primeiras confederações criadas foram: UEFA (Europa), CONMEBOL (América do Sul), NAFC (América do Norte), CCCF (América Central e Caribe), CAF (África) e AFC (Ásia).

Com a classificação automática da Suécia, país sede, e da Alemanha Ocidental, campeã em 1954, as 14 vagas restantes foram distribuídas da seguinte maneira: 9 para a UEFA, 3 para a CONMEBOL, 1 para a NAFC e CCCF e 1 para a CAF e AFC. Esta foi a primeira e única vez que todas as quatro nações do Reino Unido se classificaram: Inglaterra, Escócia, Irlanda do Norte e País de Gales.

A União Soviética entrou pela primeira vez nas eliminatórias e conseguiu garantir uma vaga no torneio. A Itália e o Uruguai, ambos bicampeões, não conseguiram se classificar.

O jogo de abertura da copa foi Alemanha vs. Argentina. As duas equipes entraram em campo com uniformes da mesma cor. A Argentina acabou jogando com o uniforme amarelo do IFK Malmö, o time sueco dono do estádio onde a partida estava sendo realizada.

A Copa do Mundo de 1958 viu o nascimento de uma lenda. Edson Arantes do Nascimento, o Pelé, estreou na Copa do Mundo jogando pelo Brasil aos 17 anos e foi brilhante. Ele iniciou como reserva e estreou apenas na terceira partida. Mas ele foi decisivo na fase final quando marcou três gols na semifinal e dois na final.

Na final, a anfitriã Suécia enfrentou o Brasil. Liedholm abriu o placar para os suecos logo no início do jogo, aos 4'. Mas os brasileiros se recuperaram rapidamente. Vavá empatou o jogo aos 9' e, aos 32', marcou o seu segundo gol colocando os brasileiros à frente no placar. No segundo tempo, Pelé ampliou a vantagem brasileira aos 55' e Zagallo marcou o quarto gol do Brasil aos 68'. Simonsson marcou mais um gol para a Suécia aos 80'. Aos 90', Pelé, a estrela da Copa, marcou mais um gol decretando a vitória brasileira por 5-2. Foi o primeiro título brasileiro e a primeira e única vez, até hoje, em que um país não europeu venceu na Europa.

Seleções participantes: Alemanha Ocidental, Argentina, Áustria, Brasil, Tchecoslováquia, Escócia, França, Hungria,

Inglaterra, Irlanda do Norte, Iugoslávia, México, País de Gales, Paraguai, Suécia, União Soviética.

Campeão: Brasil
Vice-campeão: Suécia
Terceiro lugar: França

Artilheiro: Just Fontaine, França – 13 gols
Seleção com maior número de gols: França – 23 gols

Gols marcados na Copa: 126 gols
Média de gols por partida: 3,6

Jogos

Forma de disputa

Com novo formato, as 16 seleções foram divididas em 4 grupos. Dentro de cada grupo todas jogavam entre si, sem prorrogação em caso de empate. O 1º e o 2º de cada grupo se classificava para as quartas de final. Se as duas primeiras seleções terminassem com o mesmo número de pontos, a média de gols decidiria o primeiro e o segundo lugares. Em caso de empate em pontos entre o 2º e o 3º, haveria um *play-off* para decidir qual se classificaria. Em caso de novo empate, seria utilizada a média de gols da fase de grupos. Se fossem iguais, um sorteio definiria a 2ª vaga.

Fase de grupos

Pos: posição; **P:** pontos; **V:** vitórias; **E:** empates; **D:** derrotas; **G+:** gols pro; **G-:** gols contra

Grupo 1

Pos	Seleção	P	V	E	D	G+	G-
1	Alemanha Ocidental	4	1	2	0	7	5
2	Irlanda do Norte	3	1	1	1	4	5
3	Tchecoslováquia	3	1	1	1	8	4
4	Argentina	2	1	0	2	5	10

Argentina 1-3 Alemanha Ocidental

Irlanda do Norte 1-0 Tchecoslováquia

Alemanha Ocidental 2-2 Tchecoslováquia

Argentina 3-1 Irlanda do Norte

Alemanha Ocidental 2-2 Irlanda do Norte

Tchecoslováquia 6-1 Argentina

Play-off: Irlanda do Norte 2-1 Tchecoslováquia

Grupo 2

Pos	Seleção	P	V	E	D	G+	G-
1	França	4	2	0	1	11	7
2	Iugoslávia	4	1	2	0	7	6
3	Paraguai	3	1	1	1	9	12
4	Escócia	1	0	1	2	4	6

França 7-3 Paraguai

Iugoslávia 1-1 Escócia

Iugoslávia 3-2 França

Paraguai 3-2 Escócia

França 2-1 Escócia

Paraguai 3-3 Iugoslávia

Grupo 3

Pos	Seleção	P	V	E	D	G+	G-
1	Suécia	5	2	1	0	5	1
2	País de Gales	3	0	3	0	2	2
3	Hungria	3	1	1	1	6	3
4	México	1	0	1	2	1	8

Suécia 3-0 México

Hungria 1-1 País de Gales

México 1-1 País de Gales

Suécia 2-1 Hungria

Suécia 0-0 País de Gales

Hungria 4-0 México

Play-off: País de Gales 2-1 Hungria

Grupo 4

Pos	Seleção	P	V	E	D	G+	G-
1	Brasil	5	2	1	0	5	0
2	União Soviética	3	1	1	1	4	4
3	Inglaterra	3	0	3	0	4	4
4	Áustria	1	0	1	2	2	7

Brasil 3-0 Áustria

União Soviética 2-2 Inglaterra

Brasil 0-0 Inglaterra

União Soviética 2-0 Áustria

Inglaterra 2-2 Áustria

Brasil 2-0 União Soviética

Play-off: União Soviética 1-0 Inglaterra

Quartas de final

Brasil 1-0 País de Gales

França 4-0 Irlanda do Norte

Suécia 2-0 União Soviética

Alemanha Ocidental 1-0 Iugoslávia

Semifinais

Brasil 5-2 França

Suécia 3-1 Alemanha Ocidental

Disputa do terceiro lugar

França 6-3 Alemanha Ocidental

Final

Brasil 5-2 Suécia

Copa do Mundo de 1962
Chile

A Copa de 1962 foi realizada no Chile, após dois torneios realizados consecutivamente na Europa. As federações americanas alegaram que a edição de 1962 deveria ser disputada na América do Sul. Se isso não ocorresse, fariam um boicote geral. O Chile foi então escolhido frente à Argentina.

As eliminatórias para o torneio começaram em 1960. Cinquenta e sete equipes disputaram 14 vagas para se unirem ao Chile, país sede, e ao campeão de 1958, Brasil. As 14 vagas foram distribuídas da seguinte maneira: 8 para a UEFA, 3 para a CONMEBOL, e as 3 vagas restantes foram disputadas pelo 9° e 10° das eliminatórias da UEFA, o 4° das eliminatórias da CONMEBOL e os vencedores das eliminatórias da CCCF/NAFC, da CAF e da AFC.

Pelé chegou ao Chile com muita expectativa de todos. Mais experiente, acreditava-se que ele seria, mais uma vez, a estrela da Copa. Mas ele se machucou na segunda partida da fase de grupos e não jogou mais no torneio de 1962.

Porém, a equipe brasileira contava com Garrincha, considerado pela maioria como o melhor jogador da Copa. A genialidade de Garrincha levou o Brasil mais uma vez à final.

O adversário do Brasil na final foi a Tchecoslováquia. Os brasileiros tiveram a chance de defender o título, assim como a Itália em 1938. Repetindo 1958, a seleção brasileira começou perdendo por 1-0. Masopust abriu o placar do jogo aos 15', colocando a Tchecoslováquia à frente. Dois minutos depois, Amarildo marcou empatando o jogo. No segundo tempo Zito marcou o gol da virada aos 69' e, 9 minutos depois, Vavá fechou o placar. O Brasil venceu por 3-1 e se tornou o segundo país a vencer a Copa do Mundo duas vezes consecutivas, e o terceiro país com dois títulos.

Seleções participantes: Alemanha Ocidental, Argentina, Brasil, Bulgária, Tchecoslováquia, Chile, Colômbia, Espanha, Hungria, Inglaterra, Itália, Iugoslávia, México, Suíça, União Soviética, Uruguai.

Campeão: Brasil
Vice-campeão: Tchecoslováquia
Terceiro lugar: Chile

Artilheiros com 4 gols cada: Garrincha e Vavá (Brasil), Leonel Sánchez (Chile), Florián Albert (Hungria), Valentin Isanov (União Soviética), Dražan Jerković (Iugoslávia)
Seleção com maior número de gols: Brasil – 14 gols

Gols marcados na Copa: 89 gols
Média de gols por partida: 2,78

Jogos

Forma de disputa

Com quase o mesmo formato de 1958, as 16 seleções foram divididas em 4 grupos. Dentro de cada grupo todas jogavam entre si. O 1º e o 2º de cada grupo se classificavam para as quartas de final. A diferença foi a utilização do saldo de gols como critério de desempate[5] nos grupos ao invés de um jogo extra.

Fase de grupos

Pos: posição; **P:** pontos; **V:** vitórias; **E:** empates; **D:** derrotas; **G+:** gols pro; **G-:** gols contra

Grupo 1

Pos	Seleção	P	V	E	D	G+	G-
1	União Soviética	5	2	1	0	8	5
2	Iugoslávia	4	2	0	1	8	3
3	Uruguai	2	1	0	2	4	6
4	Colômbia	1	0	1	2	5	11

Uruguai 2-1 Colômbia

União Soviética 2-0 Iugoslávia

Iugoslávia 3-1 Uruguai

União Soviética 4-4 Colômbia

União Soviética 2-1 Uruguai

Iugoslávia 5-0 Colômbia

Grupo 2

Pos	Seleção	P	V	E	D	G+	G-
1	Alemanha Ocidental	5	2	1	0	4	1
2	Chile	4	2	0	1	5	3
3	Itália	3	1	1	1	3	2
4	Suíça	0	0	0	3	2	8

Chile 3-1 Suíça

Alemanha Ocidental 0-0 Itália

Chile 2-0 Itália

Alemanha Ocidental 2-1 Suíça

Alemanha Ocidental 2-0 Chile

Itália 3-0 Suíça

Grupo 3

Pos	Seleção	P	V	E	D	G+	G-
1	Brasil	5	2	1	0	4	1
2	Tchecoslováquia	3	1	1	1	2	3
3	México	2	1	0	2	3	4
4	Espanha	2	1	0	2	2	3

Brasil 2-0 México

Tchecoslováquia 1-0 Espanha

Brasil 0-0 Tchecoslováquia

Espanha 1-0 México

Brasil 2-1 Espanha

México 3-1 Tchecoslováquia

Grupo 4

Pos	Seleção	P	V	E	D	G+	G-
1	Hungria	5	2	1	0	8	2
2	Inglaterra	3	1	1	1	4	3
3	Argentina	3	1	1	1	2	3
4	Bulgária	1	0	1	2	1	7

Argentina 1-0 Bulgária

Hungria 2-1 Inglaterra

Inglaterra 3-1 Argentina

Hungria 6-1 Bulgária

Hungria 0-0 Argentina

Inglaterra 0-0 Bulgária

Quartas de final

Chile 2-1 União Soviética

Tchecoslováquia 1-0 Hungria

Brasil 3-1 Inglaterra

Iugoslávia 1-0 Alemanha Ocidental

Semifinais

Tchecoslováquia 3-1 Iugoslávia
Brasil 4-2 Chile

Disputa do terceiro lugar

Chile 1-0 Iugoslávia

Final

Brasil 3-1 Tchecoslováquia

Copa do Mundo de 1966
Inglaterra

Para a Copa de 1966, a Inglaterra foi escolhida como anfitriã vencendo as candidaturas da Alemanha Ocidental e da Espanha. Foi o primeiro torneio realizado em um país afetado pela II Guerra Mundial.

Quinze seleções africanas que participariam das eliminatórias a boicotaram, posteriormente, porque a FIFA decidiu que não haveria classificação direta para seleções africanas. Apesar disso, houve um novo número recorde de inscrições para a fase eliminatória com a participação de 70 nações. Com o país sede e o campeão de 1962, Brasil, já com vagas garantidas, as restantes foram divididas da seguinte maneira: 9 para UEFA, 3 para CONMEBOL, 1 para AFC/CAF (incluindo Austrália) e 1 para CONCACAF (junção das ex-confederações NAFC e CCCF).

A seleção brasileira, campeã das últimas duas copas, não conseguiu um bom resultado. Com 1 vitória e 2 derrotas, foi eliminada na fase de grupos.

A Copa de 1966 contou com grandes nomes como Bobby Moore e Gordon Banks, da Inglaterra, Franz Beckenbauer, da Alemanha Ocidental, Eusébio, de Portugal, e Lev Yashin, da União Soviética. Eusébio acabou se sagrando o artilheiro da Copa. A seleção portuguesa fez uma grande campanha no torneio. Portugal venceu os 3 jogos na fase de grupos e, nas quartas de final, após estar perdendo por 3-0 para a Coreia do Norte, conseguiu virar o jogo e vencer por 5-3. Os portugueses foram derrotados pela Inglaterra nas semifinais, quando perderam por 2-1.

A final teve um dos lances mais polêmicos e discutidos até hoje. Haller abriu o placar para os alemães aos 12'. Seis minutos depois, Hurst empatou o jogo para os ingleses. Na segunda etapa, Peters colocou os ingleses à frente aos 78'. O título parecia estar nas mãos dos ingleses quando Weber, a 1 minuto do fim, empatou o jogo para os alemães. Na prorrogação, aos 101', Hurst chutou de dentro da área, a bola bateu no travessão, quicou na linha do gol e voltou para a área, quando um alemão a cabeceou para fora. O juiz, achando que a bola havia entrado, validou o gol, gerando um grande protesto por parte dos alemães. No último minuto, Hurst marcou mais um gol para os ingleses se tornando o primeiro jogador com um *hat-trick* em uma final. Com o placar de 4-2 a Inglaterra conquistou o seu primeiro e único título até hoje.

Seleções participantes: Alemanha Ocidental, Argentina, Brasil, Bulgária, Chile, Coreia do Norte, Espanha, França, Hungria, Inglaterra, Itália, México, Portugal, Suíça, União Soviética, Uruguai.

Campeão: Inglaterra
Vice-campeão: Alemanha Ocidental
Terceiro lugar: Portugal

Artilheiro: Eusébio, Portugal – 9 gols
Seleção com maior número de gols: Portugal – 17 gols

Gols marcados na Copa: 89 gols
Média de gols por partida: 2,78

Jogos

Forma de disputa

O formato da competição foi o mesmo de 1962. Dezesseis seleções foram divididas em 4 grupos. Dentro de cada grupo todas jogavam entre si. O 1º e o 2º lugar de cada grupo se classificava para as quartas de final.

Fase de grupos

Pos: posição; **P:** pontos; **V:** vitórias; **E:** empates; **D:** derrotas; **G+:** gols pro; **G-:** gols contra

Grupo 1

Pos	Seleção	P	V	E	D	G+	G-
1	Inglaterra	5	2	1	0	4	0
2	Uruguai	4	1	2	0	2	1
3	México	2	0	2	1	1	3
4	França	1	0	1	2	2	5

Inglaterra 0-0 Uruguai

França 1-1 México

Uruguai 2-1 França

Inglaterra 2-0 México

México 0-0 Uruguai

Inglaterra 2-0 França

Grupo 2

Pos	Seleção	P	V	E	D	G+	G-
1	Alemanha Ocidental	5	2	1	0	7	1
2	Argentina	5	2	1	0	4	1
3	Espanha	2	1	0	2	4	5
4	Suíça	0	0	0	3	1	9

Alemanha Ocidental 5-0 Suíça

Argentina 2-1 Espanha

Espanha 2-1 Suíça

Argentina 0-0 Alemanha Ocidental

Argentina 2-0 Suíça

Alemanha Ocidental 2-1 Espanha

Grupo 3

Pos	Seleção	P	V	E	D	G+	G-
1	Portugal	6	3	0	0	9	2
2	Hungria	4	2	0	1	7	5
3	Brasil	2	1	0	2	4	6
4	Bulgária	0	0	0	3	1	8

Brasil 2-0 Bulgária

Portugal 3-1 Hungria

Hungria 3-1 Brasil

Portugal 3-0 Bulgária

Portugal 3-1 Brasil

Hungria 3-1 Bulgária

Grupo 4

Pos	Seleção	P	V	E	D	G+	G-
1	União Soviética	6	3	0	0	6	1
2	Coreia do Norte	3	1	1	1	2	4
3	Itália	3	1	0	2	2	2
4	Chile	1	0	1	2	2	5

União Soviética 3-0 Coreia do Norte

Itália 2-0 Chile

Chile 1-1 Coreia do Norte

União Soviética 1-0 Itália

Coreia do Norte 1-0 Itália

União Soviética 2-1 Chile

Quartas de final

Inglaterra 1-0 Argentina

Alemanha Ocidental 4-0 Uruguai

União Soviética 2-1 Hungria

Portugal 5-3 Coreia do Norte

Semifinais

Alemanha Ocidental 2-1 União Soviética

Inglaterra 2-1 Portugal

Disputa do terceiro lugar

Portugal 2-1 União Soviética

Final

Inglaterra 4-2 Alemanha Ocidental

Copa do Mundo de 1970
México

A Copa de 1970 foi disputada, pela primeira vez, fora da Europa e da América do Sul. O México foi escolhido vencendo a candidatura da Argentina.

Equipes representando 75 nações se inscreveram nas eliminatórias. Porém, apenas 68 competiram devido a inscrições rejeitadas ou desistências. Foram atribuídas 8 vagas à UEFA, 3 à CONMEBOL, 1 à CONCACAF, 1 à AFC/OFC e, pela primeira vez, 1 à CAF. As outras 2 vagas foram para o país sede e para a Inglaterra, campeã de 1966.

Algumas novidades foram introduzidas pela FIFA no torneio. A primeira delas foi a utilização de cartões amarelo e vermelho pelos árbitros. As advertências e expulsões já existiam antes disso, porém sem o uso de cartões. Outra novidade foram as substituições: cada equipe poderia fazer 2 substituições durante o jogo.

Outra novidade foi em relação à transmissão dos jogos pelas redes de TV. Essa foi a primeira Copa a ser televisionada em cores.

Na final, dois bicampeões se enfrentaram: Brasil e Itália. O vencedor seria o primeiro país a conquistar três títulos. O Brasil abriu o placar com Pelé, aos 18'. Boninsegna, aos 37', empatou para os italianos. No segundo tempo, Gerson colocou o Brasil à frente aos 66', Jairzinho marcou o terceiro gol brasileiro aos 71', e Carlos Alberto completou a goleada aos 86'. O Brasil venceu a Itália por 4-1 conquistando o título pela terceira vez. O campeão Brasil, liderado por Carlos Alberto e que contava com Pelé, Clodoaldo, Gérson, Jairzinho, Rivelino e Tostão, é frequentemente citado como uma das melhores seleções de todas as Copas. Ao vencer, o Brasil teve o privilégio de levar para casa, em definitivo, o Troféu Jules Rimet por ter vencido três edições da Copa do Mundo. Um novo troféu seria criado para os torneios seguintes.

O Brasil venceu todos os jogos rumo ao título, desde as eliminatórias até a final. Tanto a seleção brasileira quanto o próprio torneio são considerados um dos melhores da história da Copa do Mundo FIFA.

Seleções participantes: Alemanha Ocidental, Bélgica, Brasil, Bulgária, Tchecoslováquia, El Salvador, Inglaterra, Israel, Itália, Marrocos, México, Peru, Romênia, Suécia, União Soviética, Uruguai.

Campeão: Brasil
Vice-campeão: Itália
Terceiro lugar: Alemanha Ocidental

Artilheiro: Gerd Müller, Alemanha Ocidental – 10 gols
Seleção com maior número de gols: Brasil – 19 gols

Gols marcados na Copa: 95 gols
Média de gols por partida: 2,97

Jogos

Forma de disputa

O formato da competição foi o mesmo de 1962. Dezesseis seleções foram divididas em 4 grupos. Dentro de cada grupo todas jogavam entre si. O 1º e o 2º lugar de cada grupo se classificava para as quartas de final.

Fase de grupos

Pos: posição; **P:** pontos; **V:** vitórias; **E:** empates; **D:** derrotas; **G+:** gols pro; **G-:** gols contra

Grupo 1

Pos	Seleção	P	V	E	D	G+	G-
1	União Soviética	5	2	1	0	6	1
2	México	5	2	1	0	5	0
3	Bélgica	2	1	0	2	4	5
4	El Salvador	0	0	0	3	0	9

México 0-0 União Soviética

Bélgica 3-0 El Salvador

União Soviética 4-1 Bélgica

México 4-0 El Salvador

União Soviética 2-0 El Salvador

México 1-0 Bélgica

Grupo 2

Pos	Seleção	P	V	E	D	G+	G-
1	Itália	4	1	2	0	1	0
2	Uruguai	3	1	1	1	2	1
3	Suécia	3	1	1	1	2	2
4	Israel	2	0	2	1	1	3

Uruguai 2-0 Israel

Itália 1-0 Suécia

Uruguai 0-0 Itália

Suécia 1-1 Israel

Suécia 1-0 Uruguai

Itália 0-0 Israel

Grupo 3

Pos	Seleção	P	V	E	D	G+	G-
1	Brasil	6	3	0	0	8	3
2	Inglaterra	4	2	0	1	2	1
3	Romênia	2	1	0	2	4	5
4	Tchecoslováquia	0	0	0	3	2	7

Inglaterra 1-0 Romênia

Brasil 4-1 Tchecoslováquia

Romênia 2-1 Tchecoslováquia

Brasil 1-0 Inglaterra

Brasil 3-2 Romênia

Inglaterra 1-0 Tchecoslováquia

Grupo 4

Pos	Seleção	P	V	E	D	G+	G-
1	Alemanha Ocidental	6	3	0	0	10	4
2	Peru	4	2	0	1	7	5
3	Bulgária	1	0	1	2	5	9
4	Marrocos	1	0	1	2	2	6

Peru 3-2 Bulgária

Alemanha Ocidental 2-1 Marrocos

Peru 3-0 Marrocos

Alemanha Ocidental 5-2 Bulgária

Alemanha Ocidental 3-1 Peru

Bulgária 1-1 Marrocos

Quartas de final

União Soviética 0-1 Uruguai

Itália 4-1 México

Brasil 4-2 Peru

Alemanha Ocidental 3-2 Inglaterra

Semifinais

Uruguai 1-3 Brasil

Itália 4-3 Alemanha Ocidental

Disputa do terceiro lugar

Uruguai 0-1 Alemanha Ocidental

Final

Brasil 4-1 Itália

Copa do Mundo de 1974
Alemanha Ocidental

Em 1966, a FIFA anunciou, ao mesmo tempo, os anfitriões para as Copas do Mundo de 1974, 1978 e 1982. A Alemanha Ocidental foi escolhida para sediar a Copa do Mundo de 1974.

Para esse torneio, 98 países disputaram as eliminatórias. Com 1 vaga garantida ao país sede, e 1 vaga reservada ao Brasil, campeão em 1970, as 14 vagas restantes foram distribuídas da seguinte maneira: 8 vagas para a UEFA, 2 para a CONMBEOL, 1 para AFC/OFC, 1 para CONCACAF e 1 para CAF.

A última vaga seria decidida em dois jogos (ida e volta) pelo 9º da UEFA (União Soviética) contra o 3º da CONMEBOL (Chile). O primeiro jogo, realizado em Moscou, terminou empatado em 0-0. O segundo jogo seria em Santiago, no Estádio Nacional. Porém, os russos se recusaram a viajar à Santiago devido ao golpe de estado ocorrido no Chile dois meses antes. Os soviéticos argumentaram que o Estádio Nacional era um centro de detenção ilegal onde milhares de presos políticos estavam sendo detidos e torturados e, por isso, não poderiam jogar no estádio. A FIFA acabou declarando a vitória do Chile por WO[6].

A FIFA introduziu pela primeira vez a disputa de pênaltis para determinar o vencedor dos jogos mata-mata que terminavam empatados após a prorrogação. O cartão vermelho, introduzido em 1970, foi utilizado pela primeira vez e Carlos Caszely, do Chile, tornou-se o primeiro jogador a ser expulso com cartão vermelho em uma Copa do Mundo.

A Holanda demonstrou o que ficou conhecido como o "carrossel holandês", técnica em que todos os jogadores assumiam a posição de zagueiro, meio-campista ou atacante, conforme a situação exigisse. O único jogador com posição fixa era o goleiro. Essa nova técnica confundiu os adversários e os levou direto à final.

A partida final foi disputada pela Holanda contra a anfitriã Alemanha Ocidental. Neeskens abriu o placar para os holandeses com apenas 2' de jogo. Mas isso não abalou os alemães que conseguiram empatar aos 25' com um gol de Breitner. Aos 43', os alemães viraram o jogo com um gol de Muller, fechando o primeiro tempo à frente com um placar de 2-1. Com um segundo tempo sem gols, a Alemanha Ocidental, pela segunda vez, foi campeã da Copa do Mundo.

Seleções participantes: Alemanha Ocidental, Alemanha Oriental, Argentina, Austrália, Brasil, Bulgária, Chile, Escócia, Haiti, Holanda, Itália, Iugoslávia, Polônia, Suécia, Uruguai, Zaire.

Campeão: Alemanha Ocidental
Vice-campeão: Holanda
Terceiro lugar: Polônia

Artilheiro: Grzegorz Lato, Polônia – 7 gols
Seleção com maior número de gols: Polônia – 16 gols

Gols marcados na Copa: 97 gols
Média de gols por partida: 2,55

Jogos

Forma de disputa

O formato foi alterado. As 16 seleções foram divididas em 4 grupos e, dentro de cada grupo, todas jogavam entre si. O 1º e o 2º lugar de cada grupo se classificava para a 2ª fase. Diferente da última copa, os 8 classificados não avançavam para uma fase mata-mata. Eles foram divididos em 2 novos grupos e, dentro de cada grupo, todos jogavam entre si. O 1º de cada grupo avançava para a final, o 2º de cada grupo para a disputa do terceiro lugar. A disputa de pênaltis foi introduzida na final e na disputa do 3º lugar em caso de empate após a prorrogação. Porém, foi utilizada pela primeira vez apenas na Copa do Mundo de 1982, na Espanha.

Fase de grupos

Pos: posição; **P:** pontos; **V:** vitórias; **E:** empates; **D:** derrotas; **G+:** gols pro; **G-:** gols contra

Grupo 1

Pos	Seleção	P	V	E	D	G+	G-
1	Alemanha Oriental	5	2	1	0	4	1
2	Alemanha Ocidental	4	2	0	1	4	1
3	Chile	2	0	2	1	1	2
4	Austrália	1	0	1	2	0	5

Alemanha Ocidental 1-0 Chile

Alemanha Oriental 2-0 Austrália

Austrália 0-3 Alemanha Ocidental

Chile 1-1 Alemanha Oriental

Austrália 0-0 Chile

Alemanha Oriental 1-0 Alemanha Ocidental

Grupo 2

Pos	Seleção	P	V	E	D	G+	G-
1	Iugoslávia	4	1	2	0	10	1
2	Brasil	4	1	2	0	3	0
3	Escócia	4	1	2	0	3	1
4	Zaire	0	0	0	3	0	14

Brasil 0-0 Iugoslávia

Zaire 0-2 Escócia

Iugoslávia 9-0 Zaire

Escócia 0-0 Brasil

Escócia 1-1 Iugoslávia

Zaire 0-3 Brasil

Grupo 3

Pos	Seleção	P	V	E	D	G+	G-
1	Holanda	5	2	1	0	6	1
2	Suécia	4	1	2	0	3	0
3	Bulgária	2	0	2	1	2	5
4	Uruguai	1	0	1	2	1	6

Uruguai 0-2 Holanda

Suécia 0-0 Bulgária

Bulgária 1-1 Uruguai

Holanda 0-0 Suécia

Bulgária 1-4 Holanda

Suécia 3-0 Uruguai

Grupo 4

Pos	Seleção	P	V	E	D	G+	G-
1	Polônia	6	3	0	0	12	3
2	Argentina	3	1	1	1	7	5
3	Itália	3	1	1	1	5	4
4	Haiti	0	0	0	3	2	14

Itália 3-1 Haiti

Polônia 3-2 Argentina

Argentina 1-1 Itália

Haiti 0-7 Polônia

Argentina 4-1 Haiti

Polônia 2-1 Itália

2ª Fase
Grupo A

Pos	Seleção	P	V	E	D	G+	G-
1	Holanda	6	3	0	0	8	0
2	Brasil	4	2	0	1	3	3
3	Alemanha Oriental	1	0	1	2	1	4
4	Argentina	1	0	1	2	2	7

Holanda 4-0 Argentina

Brasil 1-0 Alemanha Oriental

Argentina 1-2 Brasil

Alemanha Oriental 0-2 Holanda

Argentina 1-1 Alemanha Oriental

Holanda 2-0 Brasil

Grupo B

Pos	Seleção	P	V	E	D	G+	G-
1	Alemanha Ocidental	6	3	0	0	7	2
2	Polônia	4	2	0	1	3	2
3	Suécia	2	1	0	2	4	6
4	Iugoslávia	0	0	0	3	2	6

Iugoslávia 0-2 Alemanha Ocidental

Suécia 0-1 Polônia

Polônia 2-1 Iugoslávia

Alemanha Ocidental 4-2 Suécia

Polônia 0-1 Alemanha Ocidental

Suécia 2-1 Iugoslávia

Disputa do terceiro lugar

Brasil 0-1 Polônia

Final

Holanda 1-2 Alemanha Ocidental

Copa do Mundo de 1978
Argentina

A Copa de 1978 foi disputada na Argentina, que foi escolhida para sediá-la em 1966.

Pela primeira vez, mais de 100 nações participaram das eliminatórias. As 16 vagas foram distribuídas da seguinte maneira: 1 para a nação anfitriã, 1 para a Alemanha, campeã em 1974, 8 para a UEFA, 2 para a CONMEBOL, 1 para a AFC/OFC, 1 para a CONCACAF e 1 para a CAF. A última vaga foi disputada pelo 9º da UEFA x 3º da CONMEBOL.

A Copa de 1978 foi marcada por polêmicas, política interna e suposta interferência e manipulação de resultados por parte do governo autoritário argentino, que usava o torneio como uma oportunidade para propaganda política. A Argentina havia sofrido um golpe militar dois anos antes da Copa. Um jogador sueco chegou a ser preso por conversar com uma pessoa em Buenos Aires, mas logo foi liberado porque os militares argentinos reconheceram seu erro.

Ele estava em um café quando começou a conversar com um homem que, por acaso, era advogado. O advogado contou-lhe sobre a perseguição dos dissidentes pelo governo. Dois dias depois o jogador foi cercado por militares, preso e só liberado após comprovar que integrava a seleção sueca.

Outra polêmica foi em relação ao horário dos jogos (algo que se repetiria em 1982 e que a FIFA mudaria a partir de 1986). A Argentina jogou todas as partidas da fase de grupos à noite. Como o outro jogo do grupo era de tarde, os argentinos sempre entravam em campo já sabendo dos resultados de seu grupo antes de jogar.

A Argentina também foi acusada de influenciar no resultado do jogo contra o Peru, que foi derrotado pela Argentina por 6 a 0. Os peruanos se classificaram em primeiro lugar no grupo, na primeira fase, e sofreram apenas 6 gols em 5 partidas. A Argentina precisava vencer por pelo menos 4 gols de diferença para encerrar a segunda fase de grupos à frente do Brasil e avançar à final. Porém, isso nunca foi provado.

Na última rodada da fase de grupos, França e Hungria, já eliminados, iriam se enfrentar. Tradicionalmente, a França usa uniforme azul, e a Hungria vermelho. Com a maior parte do mundo assistindo à Copa do Mundo em televisões em preto e branco, essas cores seriam quase impossíveis de diferenciar. Então, por conta própria e sem se consultar, as duas seleções resolveram usar o uniforme reserva e ambas entraram em campo vestindo uniformes brancos. O fato mais curioso é que nenhuma delas trouxe o seu uniforme tradicional. Com um atraso de 40 minutos a partida finalmente começou com a França vestindo o uniforme verde e branco do Club Atlético Kimberley, um clube argentino de Mar del Plata.

A Holanda conseguiu chegar à sua segunda final consecutiva para enfrentar a Argentina. Kempes abriu o placar para os argentinos aos 37' do primeiro tempo. A Holanda chegou ao empate apenas no final do segundo tempo, com um gol de Nanninga. O tempo regulamentar terminou empatado em 1-1. Na prorrogação, Kempes marcou seu segundo gol no jogo aos 4', e Bertoni fechou o placar a 5 minutos do fim. Com um placar de 3-1 a Argentina se sagrou campeã pela primeira vez e a Holanda, mais uma vez, perdeu a final para o país anfitrião.

Seleções participantes: Alemanha Ocidental, Argentina, Áustria, Brasil, Escócia, Espanha, França, Holanda, Hungria, Irã, Itália, México, Peru, Polônia, Suécia, Tunísia.

Campeão: Argentina
Vice-campeão: Holanda
Terceiro lugar: Brasil

Artilheiro: Mario Kempes, Argentina – 6 gols
Seleção com maior número de gols: Argentina e Holanda – 15 gols cada

Gols marcados na Copa: 102 gols
Média de gols por partida: 2,68

Jogos

Forma de disputa

Com o mesmo formato de 1974, as 16 seleções foram divididas em 4 grupos e, dentro de cada grupo, todas jogavam entre si. O 1º e o 2º de cada grupo se classificava para a 2ª fase. Os 8 classificados foram divididos em 2 novos grupos. Novamente, dentro de cada grupo, todos jogavam entre si. O 1º de cada grupo avançava para a final, o 2º de cada grupo para a disputa do terceiro lugar.

Fase de grupos

Pos: posição; **P:** pontos; **V:** vitórias; **E:** empates; **D:** derrotas; **G+:** gols pro; **G-:** gols contra

Grupo 1

Pos	Seleção	P	V	E	D	G+	G-
1	Itália	6	3	0	0	6	2
2	Argentina	4	2	0	1	4	3
3	França	2	1	0	2	5	5
4	Hungria	0	0	0	3	3	8

Itália 2-1 França

Argentina 2-1 Hungria

Itália 3-1 Hungria

Argentina 2-1 França

França 3-1 Hungria

Argentina 0-1 Itália

Grupo 2

Pos	Seleção	P	V	E	D	G+	G-
1	Polônia	5	2	1	0	4	1
2	Alemanha Ocidental	4	1	2	0	6	0
3	Tunísia	3	1	1	1	3	2
4	México	0	0	0	3	2	12

Alemanha Ocidental 0-0 Polônia

Tunísia 3-1 México

Alemanha Ocidental 6-0 México

Polônia 1-0 Tunísia

Alemanha Ocidental 0-0 Tunísia

Polônia 3-1 México

Grupo 3

Pos	Seleção	P	V	E	D	G+	G-
1	Áustria	4	2	0	1	3	2
2	Brasil	4	1	2	0	2	1
3	Espanha	3	1	1	1	2	2
4	Suécia	1	0	1	2	1	3

Áustria 2-1 Espanha

Brasil 1-1 Suécia

Áustria 1-0 Suécia

Brasil 0-0 Espanha

Espanha 1-0 Suécia

Brasil 1-0 Áustria

Grupo 4

Pos	Seleção	P	V	E	D	G+	G-
1	Peru	5	2	1	0	7	2
2	Holanda	3	1	1	1	5	3
3	Escócia	3	1	1	1	5	6
4	Irã	1	0	1	2	2	8

Peru 3-1 Escócia

Holanda 3-0 Irã

Escócia 1-1 Irã

Holanda 0-0 Peru

Peru 4-1 Irã

Escócia 3-2 Holanda

2ª Fase

Grupo A

Pos	Seleção	P	V	E	D	G+	G-
1	Holanda	5	2	1	0	9	4
2	Itália	3	1	1	1	2	2
3	Alemanha Ocidental	2	0	2	1	4	5
4	Áustria	2	1	0	2	4	8

Áustria 1-5 Holanda

Itália 0-0 Alemanha Ocidental

Holanda 2-2 Alemanha Ocidental

Itália 1-0 Áustria

Áustria 3-2 Alemanha Ocidental

Itália 1-2 Holanda

Grupo B

Pos	Seleção	P	V	E	D	G+	G-
1	Argentina	5	2	1	0	8	0
2	Brasil	5	2	1	0	6	1
3	Polônia	2	1	0	2	2	5
4	Peru	0	0	0	3	0	10

Brasil 3-0 Peru

Argentina 2-0 Polônia

Peru 0-1 Polônia

Argentina 0-0 Brasil

Brasil 3-1 Polônia

Argentina 6-0 Peru

Disputa do terceiro lugar

Brasil 2-1 Itália

Final

Argentina 3-1 Holanda

Copa do Mundo de 1982
Espanha

A Copa de 1982 foi realizada na Espanha. Nessa Copa, a FIFA aumentou o número de vagas para 24, permitindo a participação de mais países da África e da Ásia. Com as vagas reservadas para o país sede e para a Argentina, campeã de 1978, restaram 22 vagas. Elas foram distribuídas da seguinte maneira: 13 para a UEFA (incluindo Israel), 3 para a CONMEBOL, 2 para a AFC/OFC, 2 para a CONCACAF e 2 para a CAF. A última vaga foi disputada pelo 9º da UEFA x 3º da CONMEBOL.

Apesar de introduzida desde a Copa de 1974, essa foi a primeira a contar com uma disputa de pênaltis em um jogo. Foi também a última disputada com duas fases de grupos antes da fase final.

Essa Copa ficou marcada por faltas violentas e má arbitragem, o que levou a FIFA a alterar o regulamento para evitar esse tipo de brutalidade em campo nos torneios seguintes. Mas no geral, a Copa do Mundo foi um grande sucesso, com jogos excelentes e super disputados.

Na 2ª fase, três campeões do torneio que somavam 6 títulos entre si caíram no mesmo grupo: Argentina, Brasil e Itália. A Itália, que ainda não havia vencido na Copa e que havia se classificado na fase de grupos com três empates, conseguiu derrotar a Argentina e o Brasil. No jogo contra o Brasil, Paolo Rossi foi a grande estrela. Ele marcou os três gols que deram aos italianos a vitória e uma vaga nas semifinais.

A final foi disputada pela Itália e pela Alemanha Ocidental. Depois de um primeiro tempo sem gols, a Itália voltou para um segundo tempo em que dominou. Rossi, Tardelli e Altobelli marcaram para os italianos aos 57', 69' e 81'. Breitner marcou para os alemães aos 83', determinando o placar final do jogo: Itália 3-1 Alemanha Ocidental. Os italianos conquistaram o seu terceiro título, 44 anos após conquistar o segundo, e se igualaram aos brasileiros como os únicos com 3 títulos na Copa do Mundo.

Seleções participantes: Alemanha Ocidental, Argélia, Argentina, Áustria, Bélgica, Brasil, Camarões, Tchecoslováquia, Chile, El Salvador, Escócia, Espanha, França, Honduras, Hungria, Inglaterra, Irlanda do Norte, Itália, Iugoslávia, Kuwait, Nova Zelândia, Peru, Polônia, União Soviética.

Campeão: Itália

Vice-campeão: Alemanha Ocidental

Terceiro lugar: Polônia

Artilheiro: Paolo Rossi, Itália – 6 gols

Seleção com maior número de gols: França – 16 gols

Gols marcados na Copa: 146 gols

Média de gols por partida: 2,81

Jogos

Forma de disputa

Com novo formato, as 24 seleções foram divididas em 6 grupos. Dentro de cada grupo todas jogavam entre si. O 1º e o 2º de cada grupo avançava à 2ª fase, onde foram formados 4 novos grupos. O vencedor de cada grupo avançava às semifinais.

Fase de grupos

Pos: posição; P: pontos; V: vitórias; E: empates; D: derrotas; G+: gols pro; G-: gols contra

Grupo 1

Pos	Seleção	P	V	E	D	G+	G-
1	Polônia	4	1	2	0	5	1
2	Itália	3	0	3	0	2	2
3	Camarões	3	0	3	0	1	1
4	Peru	2	0	2	1	2	6

Itália 0-0 Polônia

Peru 0-0 Camarões

Itália 1-1 Peru

Polônia 0-0 Camarões

Polônia 5-1 Peru

Itália 1-1 Camarões

Grupo 2

Pos	Seleção	P	V	E	D	G+	G-
1	Alemanha Ocidental	4	2	0	1	6	3
2	Áustria	4	2	0	1	3	1
3	Argélia	4	2	0	1	5	5
4	Chile	0	0	0	3	3	8

Alemanha Ocidental 1-2 Argélia

Chile 0-1 Áustria

Alemanha Ocidental 4-1 Chile

Argélia 0-2 Áustria

Argélia 3-2 Chile

Alemanha Ocidental 1-0 Áustria

Grupo 3

Pos	Seleção	P	V	E	D	G+	G-
1	Bélgica	5	2	1	0	3	1
2	Argentina	4	2	0	1	6	2
3	Hungria	3	1	1	1	12	6
4	El Salvador	0	0	0	3	1	13

Argentina 0-1 Bélgica

Hungria 10-1 El Salvador

Argentina 4-1 Hungria

Bélgica 1-0 El Salvador

Bélgica 1-1 Hungria

Argentina 2-0 El Salvador

Grupo 4

Pos	Seleção	P	V	E	D	G+	G-
1	Inglaterra	6	3	0	0	6	1
2	França	3	1	1	1	6	5
3	Tchecoslováquia	2	0	2	1	2	4
4	Kuwait	1	0	1	2	2	6

Inglaterra 3-1 França

Tchecoslováquia 1-1 Kuwait

Inglaterra 2-0 Tchecoslováquia

França 4-1 Kuwait

França 1-1 Tchecoslováquia

Inglaterra 1-0 Kuwait

Grupo 5

Pos	Seleção	P	V	E	D	G+	G-
1	Irlanda do Norte	4	1	2	0	2	1
2	Espanha	3	1	1	1	3	3
3	Iugoslávia	3	1	1	1	2	2
4	Honduras	2	0	2	1	2	3

Espanha 1-1 Honduras

Iugoslávia 0-0 Irlanda do Norte

Espanha 2-1 Iugoslávia

Honduras 1-1 Irlanda do Norte

Honduras 0-1 Iugoslávia

Espanha 0-1 Irlanda do Norte

Grupo 6

Pos	Seleção	P	V	E	D	G+	G-
1	Brasil	6	3	0	0	10	2
2	União Soviética	3	1	1	1	6	4
3	Escócia	3	1	1	1	8	8
4	Nova Zelândia	0	0	0	3	2	12

Brasil 2-1 União Soviética

Escócia 5-2 Nova Zelândia

Brasil 4-1 Escócia

União Soviética 3-0 Nova Zelândia

União Soviética 2-2 Escócia

Brasil 4-0 Nova Zelândia

2ª Fase

Grupo A

Pos	Seleção	P	V	E	D	G+	G-
1	Polônia	3	1	1	0	3	0
2	União Soviética	3	1	1	0	1	0
3	Bélgica	0	0	0	2	0	4

Polônia 3-0 Bélgica

Bélgica 0-1 União Soviética

União Soviética 0-0 Polônia

Grupo B

Pos	Seleção	P	V	E	D	G+	G-
1	Alemanha Ocidental	3	1	1	0	2	1
2	Inglaterra	2	0	2	0	0	0
3	Espanha	1	0	1	1	1	2

Alemanha Ocidental 0-0 Inglaterra

Alemanha Ocidental 2-1 Espanha

Espanha 0-0 Inglaterra

Grupo C

Pos	Seleção	P	V	E	D	G+	G-
1	Itália	4	2	0	0	5	3
2	Brasil	2	1	0	1	5	4
3	Argentina	0	0	0	2	2	5

Itália 2-1 Argentina

Argentina 1-3 Brasil

Itália 3-2 Brasil

Grupo D

Pos	Seleção	P	V	E	D	G+	G-
1	França	4	2	0	0	5	1
2	Áustria	1	0	1	1	2	3
3	Irlanda do Norte	1	0	1	1	3	6

Áustria 0-1 França

Áustria 2-2 Irlanda do Norte

França 4-1 Irlanda do Norte

Semifinais

Polônia 0-2 Itália

Alemanha Ocidental 3-3 França (**Pênaltis:** 5-4)

Disputa do terceiro lugar

Polônia 3-2 França

Final

Itália 3-1 Alemanha Ocidental

Copa do Mundo de 1986
México

A Copa de 1986 seria realizada na Colômbia, que foi escolhida pela FIFA em 1974. Em 1982, por motivos econômicos, o presidente da Colômbia comunicou à FIFA que o país não poderia mais sediar a Copa. México, Estados Unidos e Canadá apresentaram propostas para substituir a Colômbia. O México foi escolhido, após sediá-la apenas 16 anos antes. Com isso, o México se tornou o primeiro país a sediar a Copa do Mundo duas vezes.

Porém, o torneio quase teve que ser cancelado no país devido ao terremoto ocorrido na Cidade do México em 1985, que causou sérios danos na capital mexicana. Como os estádios não foram afetados, decidiu-se por prosseguir com o torneio no México.

O formato da competição foi alterado. Haveria apenas uma fase de grupos com 24 equipes divididas em 6 grupos. Em seguida, 16 equipes avançariam para as oitavas de final para uma disputa em um formato de mata-mata. Outra mudança significativa foi a questão dos horários das partidas na última rodada da fase de grupos: as duas últimas partidas de cada grupo seriam disputadas ao mesmo tempo.

As 24 vagas foram distribuídas da seguinte forma: 1 para o país sede, 1 para a Itália, campeã em 1982, 12 para a UEFA, 4 para a CONMEBOL, 2 para a AFC, 1 para a CONCACAF e 2 para a CAF. A última vaga foi disputada pelo 13º das eliminatórias da UEFA contra o vencedor das eliminatórias da OFC (incluindo Israel e Taipei Chinês).

Maradona foi brilhante e será sempre lembrado por haver marcado dois gols épicos nesta Copa do Mundo. O primeiro, que passou a ser chamado de "Mão de Deus", foi marcado contra a Inglaterra nas quartas de final. Em uma bola desviada para dentro da área, Maradona saltou ao lado de Peter Shilton, o goleiro inglês, e deu um leve soco na bola para o gol antes que Shilton conseguisse alcançá-la. O árbitro não viu e validou o gol. O segundo gol aconteceu 4 minutos depois. Maradona recebeu a bola atrás do meio-campo, avançou metade do campo enquanto passava por 5 jogadores ingleses, entrou na área, se livrou do goleiro e marcou um golaço, o segundo gol argentino na partida. Esse gol foi eleito o "Gol do Século" em uma votação aberta pela FIFA em 2002 para a escolha do gol mais bonito da história das Copas até então.

A final foi disputada pela Alemanha Ocidental, pela segunda vez consecutiva, e pela Argentina. Brown abriu o placar para os argentinos no primeiro tempo. No segundo tempo, Valdano ampliou para os argentinos aos 55'. Aos 74', Rummenigge abriu o placar para os alemães e Voller empatou o jogo aos 80'. Porém, isso não abateu os argentinos. Três minutos depois, um passe de Maradona deixou Burrochaga em posição de marcar e ele não perdeu a chance. Resultado:

Argentina 3-2 Alemanha Ocidental. A Argentina se sagrou campeã pela segunda vez.

Seleções participantes: Alemanha Ocidental, Argélia, Argentina, Bélgica, Brasil, Bulgária, Canadá, Coreia do Sul, Dinamarca, Escócia, Espanha, França, Hungria, Inglaterra, Iraque, Irlanda do Norte, Itália, Marrocos, México, Paraguai, Polônia, Portugal, Uruguai, União Soviética.

Campeão: Argentina
Vice-campeão: Alemanha Ocidental
Terceiro lugar: França

Artilheiro: Gary Lineker, Inglaterra – 6 gols
Seleção com maior número de gols: Argentina – 14 gols

Gols marcados na Copa: 132 gols
Média de gols por partida: 2,54

Jogos

Forma de disputa

As 24 seleções foram divididas em 6 grupos onde todos jogavam entre si. O 1º e o 2º de cada grupo, e os 4 melhores 3º lugares, na classificação geral, se classificavam para a fase eliminatória, começando pelas oitavas de final.

Fase de grupos

Pos: posição; **P:** pontos; **V:** vitórias; **E:** empates; **D:** derrotas; **G+:** gols pro; **G-:** gols contra

Grupo A

Pos	Seleção	P	V	E	D	G+	G-
1	Argentina	5	2	1	0	6	2
2	Itália	4	1	2	0	5	4
3	Bulgária	2	0	2	1	2	4
4	Coreia do Sul	1	0	1	2	4	7

Bulgária 1-1 Itália

Argentina 3-1 Coreia do Sul

Itália 1-1 Argentina

Coreia do Sul 1-1 Bulgária

Coreia do Sul 2-3 Itália

Argentina 2-0 Bulgária

Grupo B

Pos	Seleção	P	V	E	D	G+	G-
1	México	5	2	1	0	4	2
2	Paraguai	4	1	2	0	4	3
3	Bélgica	3	1	1	1	5	5
4	Iraque	0	0	0	3	1	4

Bélgica 1-2 México

Paraguai 1-0 Iraque

México 1-1 Paraguai

Iraque 1-2 Bélgica

Paraguai 2-2 Bélgica

Iraque 0-1 México

Grupo C

Pos	Seleção	P	V	E	D	G+	G-
1	União Soviética	5	2	1	0	9	1
2	França	5	2	1	0	5	1
3	Hungria	2	1	0	2	2	9
4	Canadá	0	0	0	3	0	5

Canadá 0-1 França

União Soviética 6-0 Hungria

França 1-1 União Soviética

Hungria 2-0 Canadá

Hungria 0-3 França

União Soviética 2-0 Canadá

Grupo D

Pos	Seleção	P	V	E	D	G+	G-
1	Brasil	6	3	0	0	5	0
2	Espanha	4	2	0	1	5	2
3	Irlanda do Norte	1	0	1	2	2	6
4	Argélia	1	0	1	2	1	5

Espanha 0-1 Brasil

Argélia 1-1 Irlanda do Norte

Brasil 1-0 Argélia

Irlanda do Norte 1-2 Espanha

Irlanda do Norte 0-3 Brasil

Argélia 0-3 Espanha

Grupo E

Pos	Seleção	P	V	E	D	G+	G-
1	Dinamarca	6	3	0	0	9	1
2	Alemanha Ocidental	3	1	1	1	3	4
3	Uruguai	2	0	2	1	2	7
4	Escócia	1	0	1	2	1	3

Uruguai 1-1 Alemanha Ocidental

Escócia 0-1 Dinamarca

Alemanha Ocidental 2-1 Escócia

Dinamarca 6-1 Uruguai

Dinamarca 2-0 Alemanha Ocidental

Escócia 0-0 Uruguai

Grupo F

Pos	Seleção	P	V	E	D	G+	G-
1	Marrocos	4	1	2	0	3	1
2	Inglaterra	3	1	1	1	3	1
3	Polônia	3	1	1	1	1	3
4	Portugal	2	1	0	2	2	4

Marrocos 0-0 Polônia

Portugal 1-0 Inglaterra

Inglaterra 0-0 Marrocos

Polônia 1-0 Portugal

Inglaterra 3-0 Polônia

Portugal 1-3 Marrocos

Oitavas de final

México 2-0 Bulgária

União Soviética 3-4 Bélgica

Brasil 4-0 Polônia

Argentina 1-0 Uruguai

Itália 0-2 França

Marrocos 0-1 Alemanha Ocidental

Inglaterra 3-0 Paraguai

Dinamarca 1-5 Espanha

Quartas de final

Brasil 1-1 França (**Pênaltis:** 3-4)

Alemanha Ocidental 0-0 México (**Pênaltis:** 4-1)

Argentina 2-1 Inglaterra

Espanha 1-1 Bélgica (**Pênaltis:** 4-5)

Semifinais

França 0-2 Alemanha Ocidental

Argentina 2-0 Bélgica

Disputa do terceiro lugar

Bélgica 2-4 França

Final

Argentina 3-2 Alemanha Ocidental

Copa do Mundo de 1990
Itália

Em 1990 a Itália se tornou o segundo país a sediar duas vezes a Copa, após vencer a candidatura da União Soviética. Cento e dezesseis equipes participaram das eliminatórias para o torneio. As 24 vagas foram distribuídas da seguinte forma: 1 para o país sede, 1 para a Argentina, campeã de 1986, 13 para a UEFA, 2 para a CONMEBOL, 2 para a AFC, 2 para a CONCACAF e 2 para a CAF. A última vaga foi disputada pelo 3º da CONMEBOL contra o vencedor da OFC (incluindo Israel e Taipei Chinesa).

Esta foi a última Copa em que uma vitória valeria 2 pontos. A partir de 1994 a FIFA iria mudar o sistema de pontuação. A vitória passaria a valer 3 pontos e o empate continuaria valendo 1 ponto. Isso foi feito para incentivar as equipes a atacarem mais, buscando a vitória, ao invés de se contentarem com o empate. Com essa nova pontuação, tornou-se quase impossível avançar na fase de grupos sem vitórias, algo que a Itália conseguiu em 1982 com 3 empates.

E foi, também, a última vez em que algumas seleções do Leste Europeu participaram após as mudanças que ocorreram com o fim da guerra fria em 1991. A Alemanha Ocidental e Oriental estavam sendo reunificadas e muitos países estavam sendo divididos, como a União Soviética, a Iugoslávia e a Tchecoslováquia.

Este torneio foi marcado por um estilo de jogo defensivo elevado pela maioria das equipes e a média de gols foi a mais baixa da história das Copas. Nas eliminatórias, 8 partidas foram para prorrogação. Dessas 8 partidas, 4 foram para a disputa de pênaltis. A Argentina, uma das finalistas, chegou à final após marcar apenas 5 gols nos jogos anteriores. A seleção argentina também foi a primeira equipe a avançar de fase duas vezes após vencer uma disputa de pênaltis.

Camarões se tornou a primeira seleção africana a chegar às quartas de final após abrir o torneio com uma vitória sobre a detentora do título, Argentina.

As semifinais foram as primeiras a contar com 4 campeões, algo que não acontecia desde 1970: Argentina, Inglaterra, Itália e Alemanha Ocidental.

A final foi disputada novamente e consecutivamente pela Argentina e pela Alemanha Ocidental. A Alemanha Ocidental disputava sua terceira final consecutiva após perder as anteriores para Itália e Argentina. Esta final é considerada uma das duas finais de menor qualidade na história das copas, junto à final de 2010. O jogo seguiu empatado em 0-0 até um pênalti ser marcado contra os argentinos a 5 minutos do fim. Brehme não perdeu a chance e marcou para os alemães. Final de jogo: Alemanha 1-0 Argentina. A Alemanha conquista o seu terceiro título se igualando ao Brasil e à Itália em número de títulos.

Seleções participantes: Alemanha Ocidental, Argentina, Áustria, Bélgica, Brasil, Camarões, Tchecoslováquia, Colômbia, Coreia do Sul, Costa Rica, Egito, Emirados Árabes, Escócia, Espanha, Estados Unidos, Holanda, Inglaterra, Itália, Irlanda, Iugoslávia, Romênia, Suécia, União Soviética, Uruguai.

Campeão: Alemanha Ocidental
Vice-campeão: Argentina
Terceiro lugar: Itália

Artilheiro: Salvatore Schillaci, Itália - 6 gols
Seleção com maior número de gols: Alemanha Ocidental - 15 gols

Gols marcados na Copa: 115 gols
Média de gols por partida: 2,21

Jogos

Forma de disputa

Igual a 1986, as 24 seleções foram divididas em 6 grupos onde todos jogavam entre si. O 1º e o 2º de cada grupo, e os 4 melhores 3º lugares, na classificação geral, se classificavam para a fase eliminatória, começando pelas oitavas de final.

Fase de grupos

Pos: posição; **P:** pontos; **V:** vitórias; **E:** empates; **D:** derrotas; **G+:** gols pro; **G-:** gols contra

Grupo A

Pos	Seleção	P	V	E	D	G+	G-
1	Itália	6	3	0	0	4	0
2	Tchecoslováquia	4	2	0	1	6	3
3	Áustria	3	1	0	2	2	3
4	Estados Unidos	3	0	0	3	2	8

Itália 1-0 Áustria

Estados Unidos 1-5 Tchecoslováquia

Itália 1-0 Estados Unidos

Áustria 0-1 Tchecoslováquia

Itália 2-0 Tchecoslováquia

Áustria 2-1 Estados Unidos

Grupo B

Pos	Seleção	P	V	E	D	G+	G-
1	Camarões	4	2	0	1	3	5
2	Romênia	3	1	1	1	4	3
3	Argentina	3	1	1	1	3	2
4	União Soviética	2	1	0	2	4	4

Argentina 0-1 Camarões

União Soviética 0-2 Romênia

Argentina 2-0 União Soviética

Camarões 2-1 Romênia

Argentina 1-1 Romênia

Camarões 0-4 União Soviética

Grupo C

Pos	Seleção	P	V	E	D	G+	G-
1	Brasil	6	3	0	0	4	1
2	Costa Rica	4	2	0	1	3	2
3	Escócia	2	1	0	2	2	3
4	Suécia	0	0	0	3	3	6

Brasil 2-1 Suécia

Costa Rica 1-0 Escócia

Brasil 1-0 Costa Rica

Suécia 1-2 Escócia

Brasil 1-0 Escócia

Suécia 1-2 Costa Rica

Grupo D

Pos	Seleção	P	V	E	D	G+	G-
1	Alemanha Ocidental	5	2	1	0	10	3
2	Iugoslávia	4	2	0	1	6	5
3	Colômbia	3	1	1	1	3	2
4	Emirados Árabes	0	0	0	3	2	11

Emirados Árabes 0-2 Colômbia

Alemanha Ocidental 4-1 Iugoslávia

Iugoslávia 1-0 Colômbia

Alemanha Ocidental 5-1 Emirados Árabes

Alemanha Ocidental 1-1 Colômbia

Iugoslávia 4-1 Emirados Árabes

Grupo E

Pos	Seleção	P	V	E	D	G+	G-
1	Espanha	5	2	1	0	5	2
2	Bélgica	4	2	0	1	6	3
3	Uruguai	3	1	1	1	2	3
4	Coreia do Sul	0	0	0	3	1	6

Bélgica 2-0 Coreia do Sul

Uruguai 0-0 Espanha

Bélgica 3-1 Uruguai

Coreia do Sul 1-3 Espanha

Bélgica 1-2 Espanha

Coreia do Sul 0-1 Uruguai

Grupo F

Pos	Seleção	P	V	E	D	G+	G-
1	Inglaterra	4	1	2	0	2	1
2	Irlanda	3	0	3	0	2	2
3	Holanda	3	0	3	0	2	2
4	Egito	2	0	2	1	1	2

* Irlanda e Holanda empataram com o mesmo número de pontos, saldo e gols. Foi realizado um sorteio para definir o 2º colocado no grupo.

Inglaterra 1-1 Irlanda

Holanda 1-1 Egito

Inglaterra 0-0 Holanda

Irlanda 0-0 Egito

Inglaterra 1-0 Egito

Irlanda 1-1 Holanda

Oitavas de final

Camarões 2-1 Colômbia

Tchecoslováquia 4-1 Costa Rica

Brasil 0-1 Argentina

Alemanha Ocidental 2-1 Holanda

Irlanda 0-0 Romênia (**Pênaltis:** 5-4)

Itália 2-0 Uruguai

Espanha 1-2 Iugoslávia

Inglaterra 1-0 Bélgica

Quartas de final

Argentina 0-0 Iugoslávia (**Pênaltis:** 3-2)

Irlanda 0-1 Itália

Tchecoslováquia 0-1 Alemanha Ocidental

Camarões 2-3 Inglaterra

Semifinais

Argentina 1-1 Itália (**Pênaltis:** 4-3)

Alemanha Ocidental 1-1 Inglaterra (**Pênaltis:** 4-3)

Disputa do terceiro lugar

Itália 2-1 Inglaterra

Final

Alemanha Ocidental 1-0 Argentina

Copa do Mundo de 1994
Estados Unidos

Apesar da falta de popularidade do esporte no país, os Estados Unidos foram escolhidos para sediar a Copa de 1994 contra candidaturas do Brasil e do Marrocos. Para surpresa de todos, o torneio acabou sendo o de maior sucesso financeiro desde que a FIFA o iniciou em 1930. Bateu recordes com um público geral de mais de 3 milhões de pessoas, e com média de quase 70 mil torcedores por jogo.

Cento e quarenta e sete seleções se inscreveram para participar das eliminatórias do torneio. Porém, antes das eliminatórias começarem, 15 equipes desistiram e 2 foram excluídas devido a sanções da ONU. Além disso, o Chile foi excluído devido a um incidente de trapaça[7] durante as eliminatórias de 1990, quando o Chile jogava contra o Brasil no Rio de Janeiro.

As 24 vagas foram distribuídas da seguinte forma: 1 para o país sede, 1 para a Alemanha, campeã em 1990, 12 para a UEFA (incluindo Israel), 3 para a CONMEBOL, 2 para a AFC, 1 para a CONCACAF e 3 para a CAF. A última colocação seria disputada pelo 2º das eliminatórias da CONCACAF, o 4º da CONMEBOL e o vencedor da OFC.

Alguns recordes foram batidos durante a Copa de 1994. Na última rodada do Grupo B, Camarões e Rússia, já eliminados, se enfrentaram. Oleg Salenko marcou 5 gols na vitória dos russos por 6-1, batendo o recorde de gols marcados pelo mesmo jogador em uma partida. Já Roger Milla, com 42 anos, marcou o único gol para Camarões se tornando o jogador mais velho a fazer um gol em uma Copa.

Foi a primeira e única vez (pelo menos até 2022) que, durante a fase de grupos, 4 equipes do mesmo grupo terminaram a primeira fase com a mesma quantidade de pontos e o mesmo saldo de gols. O fato ocorreu no grupo E. Todas as equipes terminaram com 1 vitória, 1 empate e 1 derrota. A posição de cada uma foi determinada pelos critérios de desempate.

A grande surpresa da Copa foi a seleção búlgara. Em suas cinco participações anteriores em Copas nunca haviam vencido uma partida. Em 1994, venceram duas das três partidas na fase de grupos. Nas oitavas de final eliminaram o México na disputa de pênaltis, após um empate em 1-1. Nas quartas de final, eliminaram a detentora do título, Alemanha. Só foram parados pela Itália na semifinal, quando perderam por 2-1. Histro Stoichkov, o atacante búlgaro, foi um dos artilheiros da Copa.

A final foi disputada por Itália e Brasil no Rose Bowl, em Los Angeles, repetindo a final de 1970. Era uma final especial. As duas seleções, tricampeãs, estavam em busca do quarto título. Quem vencesse ultrapassaria a equipe rival e se tornaria a primeira seleção a conquistar quatro títulos. Não foi à toa que a partida foi tensa. Com várias chances perdidas dos dois lados, o placar final foi 0-0. Essa foi a primeira final a ser decidida nos pênaltis. Na disputa de pênaltis, após 4 rodadas, o Brasil vencia por 3 a 2. Baggio teria que marcar para manter vivas as chances da Itália, mas errou ao chutar por cima da trave. Com a vitória nos pênaltis, o Brasil sagrou-se campeão pela quarta vez, tornando-se a primeira seleção tetracampeã.

Seleções participantes: Alemanha, Arábia Saudita, Argentina, Bélgica, Bolívia, Brasil, Bulgária, Camarões, Colômbia, Coreia do Sul, Espanha, Estados Unidos, Grécia, Holanda, Irlanda, Itália, Marrocos, México, Nigéria, Noruega, Romênia, Rússia, Suécia, Suíça.

Campeão: Brasil
Vice-campeão: Itália
Terceiro lugar: Suécia

Artilheiros: Histro Stoichkov (Bulgária) e Oleg Salenko (Rússia) – 6 gols
Seleção com maior número de gols: Suécia – 15 gols

Gols marcados na Copa: 141 gols
Média de gols por partida: 2,71

Jogos

Forma de disputa

Igual a 1990, as 24 seleções foram divididas em 6 grupos onde todos jogavam entre si. O 1º e o 2º de cada grupo, e os 4 melhores terceiros na classificação geral se classificavam para a fase eliminatória, começando pelas oitavas de final.

Fase de grupos

Pos: posição; **P:** pontos; **V:** vitórias; **E:** empates; **D:** derrotas; **G+:** gols pro; **G-:** gols contra

Grupo A

Pos	Seleção	P	V	E	D	G+	G-
1	Romênia	6	2	0	1	5	5
2	Suíça	4	1	1	1	5	4
3	Estados Unidos	4	1	1	1	3	3
4	Colômbia	3	1	0	2	4	5

Estados Unidos 1-1 Suíça

Colômbia 1-3 Romênia

Romênia 1-4 Suíça

Estados Unidos 2-1 Colômbia

Suíça 0-2 Colômbia

Estados Unidos 0-1 Romênia

Grupo B

Pos	Seleção	P	V	E	D	G+	G-
1	Brasil	7	2	1	0	6	1
2	Suécia	5	1	2	0	6	4
3	Rússia	3	1	0	2	7	6
4	Camarões	1	0	1	2	3	11

Camarões 2-2 Suécia

Brasil 2-0 Rússia

Brasil 3-0 Camarões

Suécia 3-1 Rússia

Rússia 6-1 Camarões

Brasil 1-1 Suécia

Grupo C

Pos	Seleção	P	V	E	D	G+	G-
1	Alemanha	7	2	1	0	5	3
2	Espanha	5	1	2	0	6	4
3	Coreia do Sul	2	0	2	1	4	5
4	Bolívia	1	0	1	2	1	4

Alemanha 1-0 Bolívia

Espanha 2-2 Coreia do Sul

Alemanha 1-1 Espanha

Coreia do Sul 0-0 Bolívia

Bolívia 1-3 Espanha

Alemanha 3-2 Coreia do Sul

Grupo D

Pos	Seleção	P	V	E	D	G+	G-
1	Nigéria	6	2	0	1	6	2
2	Bulgária	6	2	0	1	6	3
3	Argentina	6	2	0	1	6	3
4	Grécia	0	0	0	3	0	10

* Bulgária e Argentina empataram com o mesmo número de pontos, saldo e gols. O critério de desempate utilizado foi a vitória da Bulgária no confronto direto.

Argentina 4-0 Grécia

Nigéria 3-0 Bulgária

Argentina 2-1 Nigéria

Bulgária 4-0 Grécia

Argentina 0-2 Bulgária

Grécia 0-2 Nigéria

Grupo E

Pos	Seleção	P	V	E	D	G+	G-
1	México	4	1	1	1	3	3
2	Irlanda	4	1	1	1	2	2
3	Itália	4	1	1	1	2	2
4	Noruega	4	1	1	1	1	1

* Irlanda e Itália empataram com o mesmo número de pontos, saldo e gols. O critério de desempate utilizado foi a vitória da Irlanda no confronto direto.

Itália 0-1 Irlanda

Noruega 1-0 México

Itália 1-0 Noruega

México 2-1 Irlanda

Itália 1-1 México

Irlanda 0-0 Noruega

Grupo F

Pos	Seleção	P	V	E	D	G+	G-
1	Holanda	6	2	0	1	4	3
2	Arábia Saudita	6	2	0	1	4	3
3	Bélgica	6	2	0	1	2	1
4	Marrocos	0	0	0	3	2	5

* Arábia Saudita e Bélgica empataram com o mesmo número de pontos, saldo e gols. O critério de desempate utilizado foi a vitória da A. Saudita, quando se enfrentaram.

Bélgica 1-0 Marrocos

Holanda 2-1 Arábia Saudita

Bélgica 1-0 Holanda

Arábia Saudita 2-1 Marrocos

Bélgica 0-1 Arábia Saudita

Marrocos 1-2 Holanda

Oitavas de final

Alemanha 3-2 Bélgica

Espanha 3-0 Suíça

Arábia Saudita 1-3 Suécia

Romênia 3-2 Argentina

Holanda 2-0 Irlanda

Brasil 1-0 Estados Unidos

Nigéria 1-2 Itália

México 1-1 Bulgária (**Pênaltis:** 1-3)

Quartas de final

Itália 2-1 Espanha

Holanda 2-3 Brasil

Bulgária 2-1 Alemanha

Romênia 2-2 Suécia (**Pênaltis:** 4-5)

Semifinais

Bulgária 1-2 Itália

Suécia 0-1 Brasil

Disputa do terceiro lugar

Suécia 4-0 Bulgária

Final

Brasil 0-0 Itália (**Pênaltis:** 3-2)

Copa do Mundo de 1998
França

Em 1992 a França venceu a candidatura contra o Marrocos para sediar a Copa de 1998. Foi a segunda vez que o torneio foi disputado na França.

A partir de 1998 a FIFA aumentou o número de vagas no torneio de 24 para 32. Cento e setenta e quatro seleções foram inscritas nas eliminatórias do torneio. As 32 vagas foram distribuídas da seguinte forma: 1 para o país sede, 1 para o Brasil, campeão em 1994, 14 para a UEFA (incluindo Israel), 4 para a CONMEBOL, 3 para a AFC, 3 para a CONCACAF e 5 para a CAF. A última vaga seria disputada pelo 4º da AFC x Vencedor da OFC.

Esta foi a primeira Copa do Mundo após a introdução do Gol de Ouro pela FIFA. Segundo a regra, durante a prorrogação, o primeiro time a marcar venceria o jogo. O único gol de ouro marcado no torneio de 1998 foi nas oitavas de final quando Laurent Blanc, da França, marcou aos 114' contra o Paraguai.

Outra nova regra implementada foi o aumento no número de substituições que passou de 2 para 3 durante o jogo.

A final foi disputada novamente pelo Brasil, que estava em sua segunda final consecutiva, contra a anfitriã França. Todos viram um Brasil apático com a França dominando, criando chances, envolvendo o Brasil durante todo o jogo. Zidane foi brilhante, marcou dois gols aos 27' e aos 45 + 1'. No segundo tempo, com o título já garantido pela França, Petit marcou mais um nos acréscimos. A vitória por 3-0 garantiu à França o seu primeiro título.

Muito se falou da apatia do Brasil durante o jogo. Ronaldo, que já havia marcado 4 gols no torneio até então, não se movia em campo. Um tempo depois soube-se que o jogador sofreu uma convulsão cerca de 7 horas antes da decisão e teve que ser levado ao hospital. Muito se especulou sobre a causa disso, e muitas teorias sobre o assunto surgiram. Anos depois, em uma entrevista, Ronaldo apontou o estresse como o fator responsável pela convulsão. O fato é que o Brasil entrou em campo com Ronaldo e não jogou bem. Além disso, encontrou uma França empolgada com a decisão em casa diante do seu público, e com uma excelente equipe que contava com Barthez, Deschamps, Henry, Thuram, Petit e Zidane no elenco. Além do título, a seleção francesa também teve o melhor ataque e a melhor defesa da Copa.

Seleções participantes: África do Sul, Alemanha, Arábia Saudita, Argentina, Áustria, Bélgica, Brasil, Bulgária, Camarões, Chile, Colômbia, Coreia do Sul, Croácia, Dinamarca, Inglaterra, Espanha, Escócia, Estados Unidos, França, FR Iugoslávia, Holanda, Irã, Itália, Jamaica, Japão,

Marrocos, México, Nigéria, Noruega, Paraguai, Romênia,
Tunísia.

Campeão: França
Vice-campeão: Brasil
Terceiro lugar: Croácia

Artilheiro: Davor Šuker, Croácia – 6 gols
Seleção com maior número de gols: França – 15 gols

Gols marcados na Copa: 171 gols
Média de gols por partida: 2,67

Jogos

Forma de disputa

As 32 seleções foram divididas em 8 grupos onde todos jogavam entre si. O 1º e 2º de cada grupo se classificava para a fase eliminatória, começando pelas oitavas de final.

Fase de grupos

Pos: posição; **P:** pontos; **V:** vitórias; **E:** empates; **D:** derrotas; **G+:** gols pro; **G-:** gols contra

Grupo A

Pos	Seleção	P	V	E	D	G+	G-
1	Brasil	6	2	0	1	6	3
2	Noruega	5	1	2	0	5	4
3	Marrocos	4	1	1	1	5	5
4	Escócia	1	0	1	2	2	6

Brasil 2-1 Escócia

Marrocos 2-2 Noruega

Escócia 1-1 Noruega

Brasil 3-0 Marrocos

Escócia 0-3 Marrocos

Brasil 1-2 Noruega

Grupo B

Pos	Seleção	P	V	E	D	G+	G-
1	Itália	7	2	1	0	7	3
2	Chile	3	0	3	0	4	4
3	Áustria	2	0	2	1	3	4
4	Camarões	2	0	2	1	2	5

Itália 2-2 Chile

Camarões 1-1 Áustria

Chile 1-1 Áustria

Itália 3-0 Camarões

Itália 2-1 Áustria

Chile 1-1 Camarões

Grupo C

Pos	Seleção	P	V	E	D	G+	G-
1	França	9	3	0	0	9	1
2	Dinamarca	4	1	1	1	3	3
3	África do Sul	2	0	2	1	3	6
4	Arábia Saudita	1	0	1	2	2	7

Arábia Saudita 0-1 Dinamarca

França 3-0 África do Sul

África do Sul 1-1 Dinamarca

França 4-0 Arábia Saudita

França 2-1 Dinamarca

África do Sul 2-2 Arábia Saudita

Grupo D

Pos	Seleção	P	V	E	D	G+	G-
1	Nigéria	6	2	0	1	5	5
2	Paraguai	5	1	2	0	3	1
3	Espanha	4	1	1	1	8	4
4	Bulgária	1	0	1	2	1	7

Paraguai 0-0 Bulgária

Espanha 2-3 Nigéria

Nigéria 1-0 Bulgária

Espanha 0-0 Paraguai

Nigéria 1-3 Paraguai

Espanha 6-1 Bulgária

Grupo E

Pos	Seleção	P	V	E	D	G+	G-
1	Holanda	5	1	2	0	7	2
2	México	5	1	2	0	7	5
3	Bélgica	3	0	3	0	3	3
4	Coreia do Sul	1	0	1	2	2	9

Coreia do Sul 1-3 México

Holanda 0-0 Bélgica

Bélgica 2-2 México

Holanda 5-0 Coreia do Sul

Holanda 2-2 México

Bélgica 1-1 Coreia do Sul

Grupo F

Pos	Seleção	P	V	E	D	G+	G-
1	Alemanha	7	2	1	0	6	2
2	FR Iugoslávia	7	2	1	0	4	2
3	Irã	3	1	0	2	2	4
4	Estados Unidos	0	0	0	3	1	5

FR Iugoslávia 1-0 Irã

Alemanha 2-0 Estados Unidos

Alemanha 2-2 FR Iugoslávia

Estados Unidos 1-2 Irã

Alemanha 2-0 Irã

Estados Unidos 0-1 FR Iugoslávia

Grupo G

Pos	Seleção	P	V	E	D	G+	G-
1	Romênia	7	2	1	0	4	2
2	Inglaterra	6	2	0	1	5	2
3	Colômbia	3	1	0	2	1	3
4	Tunísia	1	0	1	2	1	4

Inglaterra 2-0 Tunísia

Romênia 1-0 Colômbia

Colômbia 1-0 Tunísia

Romênia 2-1 Inglaterra

Colômbia 0-2 Inglaterra

Romênia 1-1 Tunísia

Grupo H

Pos	Seleção	P	V	E	D	G+	G-
1	Argentina	9	3	0	0	7	0
2	Croácia	6	2	0	1	4	2
3	Jamaica	3	1	0	2	3	9
4	Japão	0	0	0	3	1	4

Argentina 1-0 Japão

Jamaica 1-3 Croácia

Japão 0-1 Croácia

Argentina 5-0 Jamaica

Argentina 1-0 Croácia

Japão 1-2 Jamaica

Oitavas de final

Itália 1-0 Noruega

Brasil 4-1 Chile

França 1-0 Paraguai

Nigéria 1-4 Dinamarca

Alemanha 2-1 México

Holanda 2-1 FR Iugoslávia

Romênia 0-1 Croácia

Argentina 2-2 Inglaterra (**Pênaltis:** 4-3)

Quartas de final

Itália 0-0 França (**Pênaltis:** 3-4)

Brasil 3-2 Dinamarca

Holanda 2-1 Argentina

Alemanha 0-3 Croácia

Semifinais

Brasil 1-1 Holanda (**Pênaltis:** 4-2)

França 2-1 Croácia

Disputa do terceiro lugar

Holanda 1-2 Croácia

Final

Brasil 0-3 França

Copa do Mundo de 2002
Japão / Coreia do Sul

A Copa de 2002 recebeu propostas do Japão, da Coreia do Sul e do México para sediar o torneio. Com o México sendo um tiro no escuro por já haver sediado duas vezes anteriormente, a luta entre os asiáticos terminou em um acordo para sediar a competição conjuntamente. Foi a primeira vez em que o torneio foi realizado fora da Europa e das Américas. E foi também a primeira vez que foi realizado em dois países.

Cento e noventa e nove seleções entraram nas eliminatórias do torneio. As 32 vagas foram distribuídas da seguinte forma: 2 para os anfitriões, 1 para a França, campeã em 1998, 13 para a UEFA (incluindo Israel), 4 para a CONMEBOL, 2 para a AFC, 3 para a CONCACAF e 5 para a CAF. Uma das 2 últimas vagas seria disputada pelo 5º da CONMEBOL x Vencedor da OFC. A outra seria disputada pelo 3º da AFC x 14º da UEFA.

Essa foi a segunda e última Copa a ter o Gol de Ouro na prorrogação. Após alguns anos em teste, a FIFA decidiu excluir a regra do futebol. Em 2002 três jogos terminaram com o Gol de Ouro: dois nas oitavas de final (Senegal 2-1 Suécia e Coreia do Sul 2-1 Itália) e um nas quartas de final (Turquia 1-0 Senegal).

Outra regra alterada pela FIFA foi a vaga reservada para a seleção campeã. A Copa de 1998 foi a última na qual a seleção campeã estava automaticamente classificada para o torneio seguinte. A partir de 2002, a equipe campeã também precisaria disputar as eliminatórias para conquistar uma vaga na Copa seguinte.

E essa foi também a última Copa na qual a partida de abertura foi realizada pela seleção campeã da última Copa. A partir de 2006, a partida de abertura seria realizada pelo país sede.

Duas grandes surpresas em 2002 foram as seleções da Turquia e da Coreia do Sul. A Turquia se classificou em segundo lugar no grupo do Brasil. Após eliminarem um dos países sede, o Japão, nas oitavas, e Senegal nas quartas, chegaram às semifinais para enfrentar o Brasil, quando perderam por 1-0.

Já a Coreia, num grupo com Estados Unidos, Portugal e Polônia, se classificou em primeiro com duas vitórias e 1 empate. Nas oitavas, eliminaram a Itália, nas quartas, eliminaram a Espanha. Enfrentaram a Alemanha na semifinal e perderam por 1-0.

O Brasil voltou à final pela terceira vez consecutiva para enfrentar a Alemanha. Embora o Brasil e a Alemanha fossem as seleções com mais participações em Copas do Mundo, mais participações em finais e mais títulos, essa foi a primeira vez na história da Copa do Mundo em que eles se enfrentaram. O Brasil tinha Ronaldo, que estava brilhante desde a fase de grupos. Ronaldo já havia marcado 6 gols na Copa. Depois de um primeiro tempo sem gols, Ronaldo abriu o placar para os brasileiros aos 67', e aos 79' marcou seu segundo gol no jogo. Com a vitória por 2-0, o Brasil conquistou seu quinto título. Foi a primeira seleção a alcançar 5 títulos.

E foi a primeira vez, desde 1986, que uma seleção conquistou o título sem a necessidade de ter que passar por uma disputa de pênaltis. Foi também a primeira vez, desde 1970, que o campeão venceu todas as partidas, desde a fase de grupos até a final. O artilheiro foi Ronaldo, que marcou 8 dos 18 gols marcados pelo Brasil no torneio. A última vez que um jogador havia marcado mais do que 7 gols, e uma seleção mais do que 16 gols, havia sido em 1970.

Seleções participantes: África do Sul, Alemanha, Arábia Saudita, Argentina, Bélgica, Brasil, Camarões, China, Coreia do Sul, Costa Rica, Croácia, Dinamarca, Equador, Eslovênia, Espanha, Estados Unidos, França, Inglaterra, Irlanda, Itália, Japão, México, Nigéria, Paraguai, Polônia, Portugal, Rússia, Senegal, Suécia, Tunísia, Turquia, Uruguai.

Campeão: Brasil
Vice-campeão: Alemanha
Terceiro lugar: Turquia

Artilheiro: Ronaldo, Brasil – 8 gols
Seleção com maior número de gols: Brasil, 18 gols

Gols marcados na Copa: 161 gols
Média de gols por partida: 2,52

Jogos

Forma de disputa

Com 32 seleções, elas foram divididas em 8 grupos onde todos jogavam entre si. O 1º e 2º de cada grupo se classificava para a fase eliminatória, começando pelas oitavas de final.

Fase de grupos

Pos: posição; **P:** pontos; **V:** vitórias; **E:** empates; **D:** derrotas; **G+:** gols pro; **G-:** gols contra

Grupo A

Pos	Seleção	P	V	E	D	G+	G-
1	Dinamarca	7	2	1	0	5	2
2	Senegal	5	1	2	0	5	4
3	Uruguai	2	0	2	1	4	5
4	França	1	0	1	2	0	3

França 0-1 Senegal

Uruguai 1-2 Dinamarca

Dinamarca 1-1 Senegal

França 0-0 Uruguai

Dinamarca 2-0 França

Senegal 3-3 Uruguai

Grupo B

Pos	Seleção	P	V	E	D	G+	G-
1	Espanha	9	3	0	0	9	4
2	Paraguai	4	1	1	1	6	6
3	África do Sul	4	1	1	1	5	5
4	Eslovênia	0	0	0	3	2	7

Paraguai 2-2 África do Sul

Espanha 3-1 Eslovênia

Espanha 3-1 Paraguai

África do Sul 1-0 Eslovênia

África do Sul 2-3 Espanha

Eslovênia 1-3 Paraguai

Grupo C

Pos	Seleção	P	V	E	D	G+	G-
1	Brasil	9	3	0	0	11	3
2	Turquia	4	1	1	1	5	3
3	Costa Rica	4	1	1	1	5	6
4	China	0	0	0	3	0	9

Brasil 2-1 Turquia

China 0-2 Costa Rica

Brasil 4-0 China

Costa Rica 1-1 Turquia

Costa Rica 2-5 Brasil

Turquia 3-0 China

Grupo D

Pos	Seleção	P	V	E	D	G+	G-
1	Coreia do Sul	7	2	1	0	4	1
2	Estados Unidos	4	1	1	1	5	6
3	Portugal	3	1	0	2	6	4
4	Polônia	3	1	0	2	3	7

Coreia do Sul 2-0 Polônia

Estados Unidos 3-2 Portugal

Coreia do Sul 1-1 Estados Unidos

Portugal 4-0 Polônia

Portugal 0-1 Coreia do Sul

Polônia 3-1 Estados Unidos

Grupo E

Pos	Seleção	P	V	E	D	G+	G-
1	Alemanha	7	2	1	0	11	1
2	Irlanda	5	1	2	0	5	2
3	Camarões	4	1	1	1	2	3
4	Arábia Saudita	0	0	0	3	0	12

Irlanda 1-1 Camarões

Alemanha 8-0 Arábia Saudita

Alemanha 1-1 Irlanda

Camarões 1-0 Arábia Saudita

Camarões 0-2 Alemanha

Arábia Saudita 0-3 Irlanda

Grupo F

Pos	Seleção	P	V	E	D	G+	G-
1	Suécia	5	1	2	0	4	3
2	Inglaterra	5	1	2	0	2	1
3	Argentina	4	1	1	1	2	2
4	Nigéria	1	0	1	2	1	3

Argentina 1-0 Nigéria

Inglaterra 1-1 Suécia

Suécia 2-1 Nigéria

Argentina 0-1 Inglaterra

Suécia 1-1 Argentina

Nigéria 0-0 Inglaterra

Grupo G

Pos	Seleção	P	V	E	D	G+	G-
1	México	7	2	1	0	4	2
2	Itália	4	1	1	1	4	3
3	Croácia	3	1	0	2	2	3
4	Equador	3	1	0	2	2	4

Croácia 0-1 México

Itália 2-0 Equador

Itália 1-2 Croácia

México 2-1 Equador

México 1-1 Itália

Equador 1-0 Croácia

Grupo H

Pos	Seleção	P	V	E	D	G+	G-
1	Japão	7	2	1	0	5	2
2	Bélgica	5	1	2	0	6	5
3	Rússia	3	1	0	2	4	4
4	Tunísia	1	0	1	2	1	5

Japão 2-2 Bélgica

Rússia 2-0 Tunísia

Japão 1-0 Rússia

Tunísia 1-1 Bélgica

Tunísia 0-2 Japão

Bélgica 3-2 Rússia

Oitavas de final

Alemanha 1-0 Paraguai

Dinamarca 0-3 Inglaterra

Suécia 1-2 Senegal

Espanha 1-1 Irlanda (**Pênaltis:** 3-2)

México 0-2 Estados Unidos

Brasil 2-0 Bélgica

Japão 0-1 Turquia

Coreia do Sul 2-1 Itália

Quartas de final

Inglaterra 1-2 Brasil

Alemanha 1-0 Estados Unidos

Espanha 0-0 Coreia do Sul (**Pênaltis:** 3-5)

Senegal 0-1 Turquia

Semifinais

Alemanha 1-0 Coreia do Sul

Brasil 1-0 Turquia

Disputa do terceiro lugar

Coreia do Sul 2-3 Turquia

Final

Alemanha 0-2 Brasil

Copa do Mundo de 2006
Alemanha

Vencendo candidaturas da África do Sul, Inglaterra e Marrocos, a Alemanha foi escolhida para sediar a Copa de 2006.

Pela primeira vez o detentor do título não tinha a sua vaga reservada. Desta forma, o Brasil também teve que disputar as eliminatórias. Foram 198 equipes inscritas nas eliminatórias do torneio. As 32 vagas foram distribuídas da seguinte forma: 1 para o país sede, 13 para a UEFA (incluindo Israel), 4 para a CONMEBOL, 4 para a AFC, 3 para a CONCACAF e 5 para a CAF. Uma das 2 últimas vagas seria disputada pelo 5º da CONMEBOL x Vencedor da OFC. A outra seria disputada pelo 5º da AFC x 4º da CONCACAF.

A regra do Gol de Ouro foi abolida pela FIFA, após ter sido testada nas duas últimas Copas. A partir de agora, os jogos que fossem para a prorrogação seriam disputados como era feito anteriormente a 1998: prorrogação com 2 tempos de 15 minutos cada.

Houve recorde no número de cartões amarelos e vermelhos: 345 cartões amarelos e 28 cartões vermelhos foram utilizados durante a Copa. Isso gerou muita discussão sobre os árbitros do torneio e a FIFA recebeu muitas críticas por tornar as regras rígidas e tirar a discrição dos árbitros.

Sem grandes surpresas na fase de grupos, as seleções mais tradicionais avançaram à fase eliminatória. Os donos da casa passaram pela Suécia nas oitavas e pela Argentina nas quartas, porém caíram diante da Itália na semifinal. Após eliminar Espanha, Brasil e Portugal, a França conseguiu a outra vaga na final.

Na final, a Itália tentava conquistar o quarto título enquanto a França estava em busca do bicampeonato. Zidane abriu o placar para os franceses logo no início do jogo. Porém, aos 19', Materazzi empatou para os italianos. A 10 minutos do final do jogo, um fato entrou para a história das copas. Zidane e Materazzi caminhavam lado a lado conversando, quando Zidane dá uma corridinha, se vira ficando frente a frente com Materazzi, e então dá uma cabeçada no peito do italiano. Zidane foi expulso e o jogo prosseguiu até o fim com o placar de 1-1. Sem gols na prorrogação, a partida foi decidida na disputa de pênaltis. Na segunda cobrança da França, Trezeguet chutou a bola no travessão, deixando os italianos à frente. Sem perder nenhuma cobrança, a Itália conseguiu bater a França na disputa de pênaltis. Após 24 anos, a seleção italiana voltou a conquistar a Copa tornando-se a segunda seleção a conquistar 4 títulos.

Muito se especulou sobre o motivo de Zidane ter agredido o adversário. Mais tarde, soube-se que Materazzi fez um comentário desrespeitoso sobre a sua irmã. Em uma Copa onde Zidane jogou muito, a agressão acabou sendo o seu último ato como jogador de futebol. Após a copa e o vice-campeonato francês, Zinedine Zidane se aposentou.

Seleções participantes: Alemanha, Angola, Arábia Saudita, Argentina, Austrália, Brasil, Coreia do Sul, Costa do Marfim, Costa Rica, Croácia, Equador, Espanha, Estados Unidos, França, Gana, Holanda, Inglaterra, Irã, Itália, Japão, México, Paraguai, Polônia, Portugal, República Tcheca, Sérvia e Montenegro, Suécia, Suíça, Togo, Trinidade e Tobago, Tunísia, Ucrânia.

Campeão: Itália
Vice-campeão: França
Terceiro lugar: Alemanha

Artilheiro: Miroslav Klose – 5 gols
Seleção com maior número de gols: Alemanha, 14 gols

Gols marcados na Copa: 147 gols
Média de gols por partida: 2,3

Jogos

Forma de disputa

Com 32 seleções, elas foram divididas em 8 grupos onde todos jogavam entre si. O 1º e 2º de cada grupo se classificava para a fase eliminatória, começando pelas oitavas de final.

Fase de grupos

Pos: posição; **P:** pontos; **V:** vitórias; **E:** empates; **D:** derrotas; **G+:** gols pro; **G-:** gols contra

Grupo A

Pos	Seleção	P	V	E	D	G+	G-
1	Alemanha	9	3	0	0	8	2
2	Equador	6	2	0	1	5	3
3	Polônia	3	1	0	2	2	4
4	Costa Rica	0	0	0	3	3	9

Alemanha 4-2 Costa Rica

Polônia 0-2 Equador

Alemanha 1-0 Polônia

Equador 3-0 Costa Rica

Equador 0-3 Alemanha

Costa Rica 1-2 Polônia

Grupo B

Pos	Seleção	P	V	E	D	G+	G-
1	Inglaterra	7	2	1	0	5	2
2	Suécia	5	1	2	0	3	2
3	Paraguai	3	1	0	2	2	2
4	Trinidade e Tobago	1	0	1	2	0	4

Inglaterra 1-0 Paraguai

Trinidade e Tobago 0-0 Suécia

Inglaterra 2-0 Trinidade e Tobago

Suécia 1-0 Paraguai

Suécia 2-2 Inglaterra

Paraguai 2-0 Trinidade e Tobago

Grupo C

Pos	Seleção	P	V	E	D	G+	G-
1	Argentina	7	2	1	0	8	1
2	Holanda	7	2	1	0	3	1
3	Costa do Marfim	3	1	0	2	5	6
4	Sérvia e Montenegro	0	0	0	3	2	10

Argentina 2-1 Costa do Marfim

Sérvia e Montenegro 0-1 Holanda

Argentina 6-0 Sérvia e Montenegro

Holanda 2-1 Costa do Marfim

Holanda 0-0 Argentina

Costa do Marfim 3-2 Sérvia e Montenegro

Grupo D

Pos	Seleção	P	V	E	D	G+	G-
1	Portugal	9	3	0	0	5	1
2	México	4	1	1	1	4	3
3	Angola	2	0	2	1	1	2
4	Irã	1	0	1	2	2	6

México 3-1 Irã

Angola 0-1 Portugal

México 0-0 Angola

Portugal 2-0 Irã

Portugal 2-1 México

Irã 1-1 Angola

Grupo E

Pos	Seleção	P	V	E	D	G+	G-
1	Itália	7	2	1	0	5	1
2	Gana	6	2	0	1	4	3
3	República Tcheca	3	1	0	2	3	4
4	Estados Unidos	1	0	1	2	2	6

Estados Unidos 0-3 República Tcheca

Itália 2-0 Gana

República Tcheca 0-2 Gana

Itália 1-1 Estados Unidos

República Tcheca 0-2 Itália

Gana 2-1 Estados Unidos

Grupo F

Pos	Seleção	P	V	E	D	G+	G-
1	Brasil	9	3	0	0	7	1
2	Austrália	4	1	1	1	5	5
3	Croácia	2	0	2	1	2	3
4	Japão	1	0	1	2	2	7

Austrália 3-1 Japão

Brasil 1-0 Croácia

Japão 0-0 Croácia

Brasil 2-0 Austrália

Japão 1-4 Brasil

Croácia 2-2 Austrália

Grupo G

Pos	Seleção	P	V	E	D	G+	G-
1	Suíça	7	2	1	0	4	0
2	França	5	1	2	0	3	1
3	Coreia do Sul	4	1	1	1	3	4
4	Togo	0	0	0	3	1	6

Coreia do Sul 2-1 Togo

França 0-0 Suíça

França 1-1 Coreia do Sul

Togo 0-2 Suíça

Togo 0-2 França

Suíça 2-0 Coreia do Sul

Grupo H

Pos	Seleção	P	V	E	D	G+	G-
1	Espanha	9	3	0	0	8	1
2	Ucrânia	6	2	0	1	5	4
3	Tunísia	1	0	1	2	3	6
4	Arábia Saudita	1	0	1	2	2	7

Espanha 4-0 Ucrânia

Tunísia 2-2 Arábia Saudita

Arábia Saudita 0-4 Ucrânia

Espanha 3-1 Tunísia

Arábia Saudita 0-1 Espanha

Ucrânia 1-0 Tunísia

Oitavas de final

Alemanha 2-0 Suécia

Argentina 2-1 México

Inglaterra 1-0 Equador

Portugal 1-0 Holanda

Itália 1-0 Austrália

Suíça 0-0 Ucrânia (**Pênaltis:** 0-3)

Brasil 3-0 Gana

Espanha 1-3 França

Quartas de final

Alemanha 1-1 Argentina (**Pênaltis:** 4-2)

Itália 3-0 Ucrânia

Inglaterra 0-0 Portugal (**Pênaltis:** 1-3)

Brasil 0-1 França

Semifinais

Alemanha 0-2 Itália

Portugal 0-1 França

Disputa do terceiro lugar

Alemanha 3-1 Portugal

Final

Itália 1-1 França (**Pênaltis:** 5-3)

Copa do Mundo de 2010
África do Sul

Para a Copa de 2010, foi definido pela FIFA de que ela seria realizada na África e apenas as nações africanas poderiam apresentar candidaturas. A África do Sul foi escolhida, frente ao Egito e ao Marrocos, tornando-se a primeira nação africana a sediar a Copa do Mundo.

Um total de 204 equipes se inscreveram para entrar nas eliminatórias do torneio. Pela primeira vez, a Austrália competiria com a AFC[8], depois que seu pedido para deixar a OFC e ingressar na AFC foi aprovado pela FIFA. As 32 vagas seriam distribuídas da seguinte forma: 1 para o país sede, 13 para a UEFA (incluindo Israel), 4 para a CONMEBOL, 4 para a AFC, 3 para a CONCACAF e 5 para a CAF. Uma das 2 últimas vagas seria disputada pelo 5º da CONMEBOL x Vencedor da OFC. A outra seria disputada pelo 5º da AFC x 4º da CONCACAF.

A Sérvia e a Eslováquia fizeram a sua estreia na Copa como países independentes, após todas as divisões que aconteceram no leste Europeu desde o fim da guerra fria. E pela primeira vez tivemos as duas Coreias classificadas para a Copa. A única participação da Coreia do Norte no torneio havia sido na Inglaterra em 1966, quando a Coreia do Sul não estava presente.

A grande favorita ao título era a Espanha, que havia conquistado a Eurocopa 2 anos antes e que contava com grandes estrelas no elenco como Casillas, Torres, Villa, Fàbregas, Xavi e Iniesta.

Os finalistas de 2006 não foram bem nessa Copa. A Itália, detentora do título, conseguiu apenas 2 pontos na fase de grupos, quando empatou com o Paraguai e com a Nova Zelândia. Além disso, perdeu para a estreante em Copas, Eslováquia. Com isso, ficou em último no grupo sendo eliminada. A França, a outra seleção finalista em 2006, também não passou da fase de grupos. Conseguiu apenas 1 ponto e foi eliminada após um empate com o Uruguai, e derrotas para a África do Sul e para o México.

A final de 2010, entre Holanda e Espanha, é considerada uma das mais chatas e sem emoção na história das Copas. Foi a primeira vez, desde 1978, que a final foi disputada por duas equipes que nunca haviam sido campeãs. A Espanha estava em sua primeira participação na final. A Holanda, em sua terceira final. Com o placar de 0-0 no final do tempo regulamentar, o jogo foi para a prorrogação. Quando todos achavam que o título seria decidido nos pênaltis, Iniesta conseguiu marcar para a Espanha a 4 minutos do final do jogo. Pela primeira vez a Espanha conquistou a Copa do Mundo.

A Espanha estabeleceu um novo recorde de menor número de gols marcados por um campeão, com apenas 8 gols em 7 partidas. Mas, por outro lado, igual à França em 1998 e à Itália em 2006, foi a equipe campeã que menos sofreu gols no torneio, apenas 2. E foi a primeira vez que uma seleção venceu a Copa do Mundo sem sofrer nenhum gol nos jogos de mata-mata.

A Espanha foi a primeira seleção a conquistar o seu primeiro título fora de casa desde a conquista do Brasil na Suécia em 1958. De 1958 a 2006, todos os países que conquistaram o título pela primeira vez estavam sediando a Copa (Inglaterra – 1966, Argentina – 1978, França – 1998). A Espanha também foi a primeira seleção europeia a vencer uma Copa do Mundo fora da Europa.

Seleções participantes: África do Sul, Alemanha, Argélia, Argentina, Austrália, Brasil, Camarões, Chile, Coreia do Norte, Coreia do Sul, Costa do Marfim, Dinamarca, Eslováquia, Eslovênia, Espanha, Estados Unidos, França, Gana, Grécia, Holanda, Honduras, Inglaterra, Itália, Japão, México, Nigéria, Nova Zelândia, Paraguai, Portugal, Sérvia, Suíça, Uruguai.

Campeão: Espanha
Vice-campeão: Holanda
Terceiro lugar: Alemanha

Artilheiros com 5 gols cada: Thomas Müller (Alemanha), Wesley Sneijder (Holanda), David Villa (Espanha), Diego Forlán (Uruguai)
Seleção com maior número de gols: Alemanha, 16 gols

Gols marcados na Copa: 145 gols
Média de gols por partida: 2,27

Jogos

Forma de disputa

Com 32 seleções, elas foram divididas em 8 grupos onde todos jogavam entre si. O 1º e 2º de cada grupo se classificava para a fase eliminatória, começando pelas oitavas de final.

Fase de grupos

Pos: posição; **P:** pontos; **V:** vitórias; **E:** empates; **D:** derrotas; **G+:** gols pro; **G-:** gols contra

Grupo A

Pos	Seleção	P	V	E	D	G+	G-
1	Uruguai	7	2	1	0	4	0
2	México	4	1	1	1	3	2
3	África do Sul	4	1	1	1	3	5
4	França	1	0	1	2	1	4

África do Sul 1-1 México

Uruguai 0-0 França

África do Sul 0-3 Uruguai

França 0-2 México

México 0-1 Uruguai

França 1-2 África do Sul

Grupo B

Pos	Seleção	P	V	E	D	G+	G-
1	Argentina	9	3	0	0	7	1
2	Coreia do Sul	4	1	1	1	5	6
3	Grécia	3	1	0	2	2	5
4	Nigéria	1	0	1	2	3	5

Coreia do Sul 2-0 Grécia

Argentina 1-0 Nigéria

Argentina 4-1 Coreia do Sul

Grécia 2-1 Nigéria

Nigéria 2-2 Coreia do Sul

Grécia 0-2 Argentina

Grupo C

Pos	Seleção	P	V	E	D	G+	G-
1	Estados Unidos	5	1	2	0	4	3
2	Inglaterra	5	1	2	0	2	1
3	Eslovênia	4	1	1	1	3	3
4	Argélia	1	0	1	2	0	2

Inglaterra 1-1 Estados Unidos

Argélia 0-1 Eslovênia

Eslovênia 2-2 Estados Unidos

Inglaterra 0-0 Argélia

Eslovênia 0-1 Inglaterra

Estados Unidos 1-0 Argélia

Grupo D

Pos	Seleção	P	V	E	D	G+	G-
1	Alemanha	6	2	0	1	5	1
2	Gana	4	1	1	1	2	2
3	Austrália	4	1	1	1	3	6
4	Sérvia	3	1	0	2	2	3

Sérvia 0-1 Gana

Alemanha 4-0 Austrália

Alemanha 0-1 Sérvia

Gana 1-1 Austrália

Gana 0-1 Alemanha

Austrália 2-1 Sérvia

Grupo E

Pos	Seleção	P	V	E	D	G+	G-
1	Holanda	9	3	0	0	5	1
2	Japão	6	2	0	1	4	2
3	Dinamarca	3	1	0	2	3	6
4	Camarões	0	0	0	3	2	5

Holanda 2-0 Dinamarca

Japão 1-0 Camarões

Holanda 1-0 Japão

Camarões 1-2 Dinamarca

Dinamarca 1-3 Japão

Camarões 1-2 Holanda

Grupo F

Pos	Seleção	P	V	E	D	G+	G-
1	Paraguai	5	1	2	0	3	1
2	Eslováquia	4	1	1	1	4	5
3	Nova Zelândia	3	0	3	0	2	2
4	Itália	2	0	2	1	4	5

Itália 1-1 Paraguai

Nova Zelândia 1-1 Eslováquia

Eslováquia 0-2 Paraguai

Itália 1-1 Nova Zelândia

Eslováquia 3-2 Itália

Paraguai 0-0 Nova Zelândia

Grupo G

Pos	Seleção	P	V	E	D	G+	G-
1	Brasil	7	2	1	0	5	2
2	Portugal	5	1	2	0	7	0
3	Costa do Marfim	4	1	1	1	4	3
4	Coreia do Norte	0	0	0	3	1	12

Costa do Marfim 0-0 Portugal

Brasil 2-1 Coreia do Norte

Brasil 3-1 Costa do Marfim

Portugal 7-0 Coreia do Norte

Portugal 0-0 Brasil

Coreia do Norte 0-3 Costa do Marfim

Grupo H

Pos	Seleção	P	V	E	D	G+	G-
1	Espanha	6	2	0	1	4	2
2	Chile	6	2	0	1	3	2
3	Suíça	4	1	1	1	1	1
4	Honduras	1	0	1	2	0	3

Honduras 0-1 Chile

Espanha 0-1 Suíça

Chile 1-0 Suíça

Espanha 2-0 Honduras

Chile 1-2 Espanha

Suíça 0-0 Honduras

Oitavas de final

Uruguai 2-1 Coreia do Sul

Estados Unidos 1-2 Gana

Alemanha 4-1 Inglaterra

Argentina 3-1 México

Holanda 2-1 Eslováquia

Brasil 3-0 Chile

Paraguai 0-0 Japão (**Pênaltis:** 5-3)

Espanha 1-0 Portugal

Quartas de final

Holanda 2-1 Brasil

Uruguai 1-1 Gana (**Pênaltis:** 4-2)

Argentina 0-4 Alemanha

Paraguai 0-1 Espanha

Semifinais

Uruguai 2-3 Holanda

Alemanha 0-1 Espanha

Disputa do terceiro lugar

Uruguai 2-3 Alemanha

Final

Holanda 0-1 Espanha

Copa do Mundo de 2014
Brasil

Pela segunda vez o Brasil foi escolhido para sediar uma Copa do Mundo. A Copa de 2014 recebeu candidaturas do Brasil e da Colômbia, que posteriormente retirou sua candidatura. Após 36 anos, a Copa voltou à América do Sul. Essa foi a primeira vez em que duas Copas do Mundo consecutivas foram realizadas fora da Europa.

As 32 vagas foram distribuídas da seguinte forma: 1 para o país sede, 13 para a UEFA (incluindo Israel), 4 para a CONMEBOL, 4 para a AFC, 3 para a CONCACAF e 5 para a CAF. Uma das últimas 2 vagas seria disputada pelo 4º da CONCACAF x Vencedor da OFC. A outra seria disputada pelo 5º da AFC x 5º da CONMEBOL.

Devido às altas temperaturas no Brasil, especialmente nos estados do Norte, foi introduzida no jogo uma parada técnica de três minutos para reidratação dos jogadores. Elas poderiam ocorrer a critério do árbitro após 30 minutos de jogo.

Mais uma vez, como na Copa anterior, a seleção campeã não passou da primeira fase. A Espanha, após vencer apenas um dos seus três jogos na fase de grupos, terminou em 3º lugar no grupo indo embora mais cedo para casa.

Outras duas campeãs também foram embora mais cedo. As seleções da Itália e da Inglaterra estavam no grupo D, juntamente com Costa Rica e Uruguai. Elas terminaram o grupo em 3º e 4º e foram eliminadas na fase de grupos.

A Costa Rica foi a grande surpresa da Copa. Num grupo considerado difícil, com 3 equipes que acumulavam 7 títulos, conseguiram ficar em 1º. Nas oitavas, eliminaram a Grécia e nas quartas, perderam nos pênaltis para a Holanda.

Miroslav Klose, da Alemanha, estabeleceu um novo recorde. Com 16 gols marcados em todas as suas participações em Copas do Mundo, ele quebrou o recorde anterior de 14 gols que pertencia a Ronaldo, do Brasil.

Uma das semifinais, quando a Alemanha jogou contra o anfitrião Brasil, terminou com um dos resultados mais inacreditáveis da história da Copa do Mundo. Foi a segunda vez em que a Alemanha enfrentou o Brasil em Copas do Mundo. A primeira vez havia sido na final de 2002, quando os brasileiros venceram por 2-0. O Brasil chegou à semifinal sem apresentar um bom futebol. Não havia muita expectativa pelos brasileiros em uma vitória, pois enfrentariam uma das melhores equipes do torneio. Mas ninguém esperava que a Alemanha fosse massacrar a seleção brasileira, neutralizando-a completamente. Parecia uma partida entre profissionais e um time amador. A Alemanha abriu o placar com Muller aos 11'. Klose fez o segundo gol alemão aos 23', Kroos marcou dois gols logo em seguida, aos 24' e aos 26'. Três minutos depois, Khedira marcou o quinto gol alemão. Foi simplesmente inacreditável! Aos 29 minutos de jogo, eles estavam vencendo por 5-0. No segundo tempo, Shurrle marcou mais 2 gols para os alemães e Oscar fez o gol de honra do Brasil aos 90'. 7- 1: o pior resultado do Brasil em Copas do Mundo.

Depois de uma grande vitória, os alemães chegaram à final para enfrentar a Argentina, repetindo as finais de 1986 e 1990. Após o tempo regulamentar sem gols, Gotze marcou para os alemães aos 113', determinando o placar final do jogo: Alemanha 1-0 Argentina. Com essa vitória, a Alemanha conquistou o seu quarto título, se igualando à Itália em número de títulos. A Alemanha foi a segunda seleção europeia a conquistar um título fora da Europa. Além disso, foi a primeira vez que uma seleção europeia conseguiu conquistar uma Copa disputada nas Américas.

Seleções participantes: Alemanha, Argélia, Argentina, Austrália, Bélgica, Bósnia e Herzegovina, Brasil, Camarões, Chile, Colômbia, Coreia do Sul, Costa do Marfim, Costa Rica, Croácia, Equador, Espanha, Estados Unidos, França, Gana, Grécia, Holanda, Honduras, Inglaterra, Irã, Itália, Japão, México, Nigéria, Portugal, Rússia, Suíça, Uruguai.

Campeão: Alemanha
Vice-campeão: Argentina
Terceiro lugar: Holanda

Artilheiro: James Rodriguez (Colômbia) – 6 gols
Seleção com maior número de gols: Alemanha, 18 gols

Gols marcados na Copa: 171 gols
Média de gols por partida: 2,67

Jogos

Forma de disputa

Com 32 seleções, elas foram divididas em 8 grupos onde todos jogavam entre si. O 1º e 2º de cada grupo se classificava para a fase eliminatória, começando pelas oitavas de final.

Fase de grupos

Pos: posição; **P:** pontos; **V:** vitórias; **E:** empates; **D:** derrotas; **G+:** gols pro; **G-:** gols contra

Grupo A

Pos	Seleção	P	V	E	D	G+	G-
1	Brasil	7	2	1	0	7	2
2	México	7	2	1	0	4	1
3	Croácia	3	1	0	2	6	6
4	Camarões	0	0	0	3	1	9

Brasil 3-1 Croácia

México 1-0 Camarões

Brasil 0-0 México

Camarões 0-4 Croácia

Camarões 1-4 Brasil

Croácia 1-3 México

Grupo B

Pos	Seleção	P	V	E	D	G+	G-
1	Holanda	9	3	0	0	10	3
2	Chile	6	2	0	1	5	3
3	Espanha	3	1	0	2	4	7
4	Austrália	0	0	0	3	3	9

Espanha 1-5 Holanda

Chile 3-1 Austrália

Austrália 2-3 Holanda

Espanha 0-2 Chile

Austrália 0-3 Espanha

Holanda 2-0 Chile

Grupo C

Pos	Seleção	P	V	E	D	G+	G-
1	Colômbia	9	3	0	0	9	2
2	Grécia	4	1	1	1	2	4
3	Costa do Marfim	3	1	0	2	4	5
4	Japão	1	0	1	2	2	6

Colômbia 3-0 Grécia

Costa do Marfim 2-1 Japão

Colômbia 2-1 Costa do Marfim

Japão 0-0 Grécia

Japão 1-4 Colômbia

Grécia 2-1 Costa do Marfim

Grupo D

Pos	Seleção	P	V	E	D	G+	G-
1	Costa Rica	7	2	1	0	4	1
2	Uruguai	6	2	0	1	4	4
3	Itália	3	1	0	2	2	3
4	Inglaterra	1	0	1	2	2	4

Uruguai 1-3 Costa Rica

Inglaterra 1-2 Itália

Uruguai 2-1 Inglaterra

Itália 0-1 Costa Rica

Itália 0-1 Uruguai

Costa Rica 0-0 Inglaterra

Grupo E

Pos	Seleção	P	V	E	D	G+	G-
1	França	7	2	1	0	8	2
2	Suíça	6	2	0	1	7	6
3	Equador	4	1	1	1	3	3
4	Honduras	0	0	0	3	1	8

Suíça 2-1 Equador

França 3-0 Honduras

Suíça 2-5 França

Honduras 1-2 Equador

Honduras 0-3 Suíça

Equador 0-0 França

Grupo F

Pos	Seleção	P	V	E	D	G+	G-
1	Argentina	9	3	0	0	6	3
2	Nigéria	4	1	1	1	3	3
3	Bósnia e Herzegovina	3	1	0	2	4	4
4	Irã	1	0	1	2	1	4

Argentina 2-1 Bósnia e Herzegovina

Irã 0-0 Nigéria

Argentina 1-0 Irã

Nigéria 1-0 Bósnia e Herzegovina

Nigéria 2-3 Argentina

Bósnia e Herzegovina 3-1 Irã

Grupo G

Pos	Seleção	P	V	E	D	G+	G-
1	Alemanha	7	2	1	0	7	2
2	Estados Unidos	4	1	1	1	4	4
3	Portugal	4	1	1	1	4	7
4	Gana	1	0	1	2	4	6

Alemanha 4-0 Portugal

Gana 1-2 Estados Unidos

Alemanha 2-2 Gana

Estados Unidos 2-2 Portugal

Estados Unidos 0-1 Alemanha

Portugal 2-1 Gana

Grupo H

Pos	Seleção	P	V	E	D	G+	G-
1	Bélgica	9	3	0	0	4	1
2	Argélia	4	1	1	1	6	5
3	Rússia	2	0	2	1	2	3
4	Coreia do Sul	1	0	1	2	3	6

Bélgica 2-1 Argélia

Rússia 1-1 Coreia do Sul

Bélgica 1-0 Rússia

Coreia do Sul 2-4 Argélia

Coreia do Sul 0-1 Bélgica

Argélia 1-1 Rússia

Oitavas de final

Brasil 1-1 Chile (**Pênaltis:** 3-2)

Colômbia 2-0 Uruguai

Holanda 2-1 México

Costa Rica 1-1 Grécia (**Pênaltis:** 5-3)

França 2-0 Nigéria

Alemanha 2-1 Argélia

Argentina 1-0 Suíça

Bélgica 2-1 Estados Unidos

Quartas de final

França 0-1 Alemanha

Brasil 2-1 Colômbia

Argentina 1-0 Bélgica

Holanda 0-0 Costa Rica (**Pênaltis:** 4-3)

Semifinais

Brasil 1-7 Alemanha

Holanda 0-0 Argentina (**Pênaltis:** 2-4)

Disputa do terceiro lugar

Brasil 0-3 Holanda

Final

Alemanha 1-0 Argentina

Copa do Mundo de 2018
Rússia

A Rússia foi escolhida como sede da Copa de 2018 após vencerem a candidatura da Inglaterra, e candidaturas conjuntas de Portugal/Espanha e Bélgica/Holanda.

As 32 vagas seriam distribuídas da seguinte forma: 1 para o país sede, 13 para a UEFA (incluindo Israel), 4 para a CONMEBOL, 4 para a AFC, 3 para a CONCACAF e 5 para a CAF. Uma das 2 últimas vagas seria disputada pelo 5º da CONMEBOL x Vencedor da OFC. A outra seria disputada pelo 5º da AFC x 4º da CONCACAF.

A maior mudança no torneio foi a introdução do VAR (*video assistant referee*)[9], ou árbitro assistente de vídeo. A utilização do VAR causou um grande impacto em vários jogos. Embora a FIFA tenha declarado que sua implementação foi um sucesso, ela recebeu elogios e críticas de comentaristas.

Pela terceira vez consecutiva a atual campeã foi eliminada na fase de grupos. A Alemanha ficou em último em um grupo com a Suécia, México e Coreia do Sul.

A Croácia, que havia estreado em Copas do Mundo em 1998 com um terceiro lugar, não conseguiu repetir boas atuações de 2002 a 2014. Desde então, havia sido eliminada na fase de grupos em 2002, 2006 e 2014, e não havia se classificado nas eliminatórias para a Copa de 2010. Porém, o time croata surpreendeu. Ficaram em primeiro lugar com 3 vitórias em um grupo com Argentina, Nigéria e Islândia. Depois disso, conquistaram uma vaga na final após eliminar a Dinamarca, Rússia e Inglaterra nas oitavas, quartas e semifinais.

No Grupo H houve uma situação interessante. A Colômbia terminou em 1º lugar. Na briga pela 2ª colocação no grupo, Japão e Senegal empataram com o mesmo número de pontos, mesmo saldo de gols e mesmo número de gols marcados. A partida entre eles também terminou empatada. O próximo critério de desempate era baseado pontuação de *Fair Play*[10]. Como resultado, o Japão garantiu o 2º lugar no Grupo H.

A França, que havia sido eliminada pela Alemanha nas quartas de final em 2014, também se classificou em primeiro no grupo e conquistou a vaga na final derrotando a Argentina, Uruguai e Bélgica nas oitavas, quartas e semifinais.

A França estava em sua 3ª final, enquanto os croatas estavam estreando em uma final de Copa do Mundo. Os franceses começaram à frente com um gol contra, marcado pelo croata Mario Mandžukić aos 18'. Foi o primeiro gol contra em uma final de Copa do Mundo. Perišić empatou para os croatas 10 minutos depois. Aos 38', em um pênalti marcado para a França, Griezmann faz 2-1. No segundo tempo, aos 59', Pogba marca mais um para a França. Seis minutos depois,

Mbappé faz o 4º gol francês. Perdendo por 4 a 1, a Croácia não teve escolha a não ser tentar atacar rápido. Mandžukić consegue fazer o segundo gol croata aos 69', mas não passaram disso. Com o placar de 4-2 a França conquista o bicampeonato, 20 anos após a primeira conquista.

Seleções participantes: Alemanha, Arábia Saudita, Argentina, Austrália, Bélgica, Brasil, Colômbia, Coreia do Sul, Costa Rica, Croácia, Dinamarca, Egito, Espanha, França, Inglaterra, Islândia, Irã, Japão, México, Marrocos, Nigéria, Panamá, Peru, Polônia, Portugal, Rússia, Senegal, Sérvia, Suécia, Suíça, Tunísia, Uruguai.

Campeão: França
Vice-campeão: Croácia
Terceiro lugar: Bélgica

Artilheiro: Harry Kane, Inglaterra – 6 gols
Seleção com maior número de gols: Bélgica, 16 gols

Gols marcados na Copa: 169 gols
Média de gols por partida: 2,64

Jogos

Forma de disputa

Com 32 seleções, elas foram divididas em 8 grupos onde todos jogavam entre si. O 1º e 2º de cada grupo se classificava para a fase eliminatória, começando pelas oitavas de final.

Fase de grupos

Pos: posição; **P:** pontos; **V:** vitórias; **E:** empates; **D:** derrotas; **G+:** gols pro; **G-:** gols contra

Grupo A

Pos	Seleção	P	V	E	D	G+	G-
1	Uruguai	9	3	0	0	5	0
2	Rússia	6	2	0	1	8	4
3	Arábia Saudita	3	1	0	2	2	7
4	Egito	0	0	0	3	2	6

Rússia 5-0 Arábia Saudita

Egito 0-1 Uruguai

Rússia 3-1 Egito

Uruguai 1-0 Arábia Saudita

Uruguai 3-0 Rússia

Arábia Saudita 2-1 Egito

Grupo B

Pos	Seleção	P	V	E	D	G+	G-
1	Espanha	5	1	2	0	6	5
2	Portugal	5	1	2	0	5	4
3	Irã	4	1	1	1	2	2
4	Marrocos	1	0	1	2	2	4

Marrocos 0-1 Irã

Portugal 3-3 Espanha

Portugal 1-0 Marrocos

Irã 0-1 Espanha

Irã 1-1 Portugal

Espanha 2-2 Marrocos

Grupo C

Pos	Seleção	P	V	E	D	G+	G-
1	França	7	2	1	0	3	1
2	Dinamarca	5	1	2	0	2	1
3	Peru	3	1	0	2	2	2
4	Austrália	1	0	1	2	2	5

França 2-1 Austrália

Peru 0-1 Dinamarca

Dinamarca 1-1 Austrália

França 1-0 Peru

Dinamarca 0-0 França

Austrália 0-2 Peru

Grupo D

Pos	Seleção	P	V	E	D	G+	G-
1	Croácia	9	3	0	0	7	1
2	Argentina	4	1	1	1	3	5
3	Nigéria	3	1	0	2	3	4
4	Islândia	1	0	1	2	2	5

Argentina 1-1 Islândia

Croácia 2-0 Nigéria

Argentina 0-3 Croácia

Nigéria 2-0 Islândia

Nigéria 1-2 Argentina

Islândia 1-2 Croácia

Grupo E

Pos	Seleção	P	V	E	D	G+	G-
1	Brasil	7	2	1	0	5	1
2	Suíça	5	1	2	0	5	4
3	Sérvia	3	1	0	2	2	4
4	Costa Rica	1	0	1	2	2	5

Costa Rica 0-1 Sérvia

Brasil 1-1 Suíça

Brasil 2-0 Costa Rica

Sérvia 1-2 Suíça

Sérvia 0-2 Brasil

Suíça 2-2 Costa Rica

Grupo F

Pos	Seleção	P	V	E	D	G+	G-
1	Suécia	6	2	0	1	5	2
2	México	6	2	0	1	3	4
3	Coreia do Sul	3	1	0	2	3	3
4	Alemanha	3	1	0	2	2	4

Alemanha 0-1 México

Suécia 1-0 Coreia do Sul

Coreia do Sul 1-2 México

Alemanha 2-1 Suécia

Coreia do Sul 2-0 Alemanha

México 0-3 Suécia

Grupo G

Pos	Seleção	P	V	E	D	G+	G-
1	Bélgica	9	3	0	0	9	2
2	Inglaterra	6	2	0	1	8	3
3	Tunísia	3	1	0	2	5	8
4	Panamá	0	0	0	3	2	11

Bélgica 3-0 Panamá

Tunísia 1-2 Inglaterra

Bélgica 5-2 Tunísia

Inglaterra 6-1 Panamá

Inglaterra 0-1 Bélgica

Panamá 1-2 Tunísia

Grupo H

Pos	Seleção	P	V	E	D	G+	G-
1	Colômbia	6	2	0	1	5	2
2	Japão	4	1	1	1	4	4
3	Senegal	4	1	1	1	4	4
4	Polônia	3	1	0	2	2	5

* Japão e Senegal terminaram empatados com o mesmo número de pontos, saldo e gols. Empataram em todos os critérios de desempate até chegar no critério que considerava a pontuação da equipe no Fair Play. Dessa forma, o Japão ficou em 2º no grupo.

Colômbia 1-2 Japão

Polônia 1-2 Senegal

Japão 2-2 Senegal

Polônia 0-3 Colômbia

Japão 0-1 Polônia

Senegal 0-1 Colômbia

Oitavas de final

França 4-3 Argentina

Uruguai 2-1 Portugal

Espanha 1-1 Rússia (**Pênaltis:** 3-4)

Croácia 1-1 Dinamarca (**Pênaltis:** 3-2)

Brasil 2-0 México

Bélgica 3-2 Japão

Suécia 1-0 Suíça

Colômbia 1-1 Inglaterra (**Pênaltis:** 3-4)

Quartas de final

Uruguai 0-2 França

Brasil 1-2 Bélgica

Suécia 0-2 Inglaterra

Rússia 2-2 Croácia (**Pênaltis:** 3-4)

Semifinais

França 1-0 Bélgica

Croácia 2-1 Inglaterra

Disputa do terceiro lugar

Bélgica 2-0 Inglaterra

Final

França 4-2 Croácia

Copa do Mundo de 2022
Catar

O Catar foi escolhido para sediar a Copa de 2022 no mesmo evento no qual a Rússia havia sido escolhida para 2018. O Catar venceu as candidaturas dos Estados Unidos, Coreia do Sul, Japão e Austrália.

As 32 vagas foram distribuídas da seguinte forma: 1 para o país sede, 13 para a UEFA (incluindo Israel), 4 para a CONMEBOL, 4 para a AFC, 3 para a CONCACAF e 5 para a CAF. Uma das últimas 2 vagas seria disputada pelo 4º da CONCACAF x Vencedor da OFC. A outra seria disputada pelo 5º da AFC x 5º da CONMEBOL.

Houve muitas críticas sobre a escolha da FIFA devido às preocupações com o tratamento dado pelo país aos trabalhadores migrantes, mulheres e membros da comunidade LGBTQIA+. Outra crítica ficou por conta do forte calor no Catar.

Diferente dos torneios anteriores que sempre foram disputados entre junho e julho, a edição de 2022 foi disputada em novembro e dezembro devido às temperaturas mais amenas, porém ainda quentes, nessa época.

Uma nova regra foi introduzida permitindo que as equipes pudessem fazer até cinco substituições durante o tempo regulamentar e uma substituição extra durante a prorrogação.

Esta foi a última Copa disputada por 32 nações. A FIFA decidiu ampliar para 48 o número de nações para a Copa do Mundo de 2026, que será realizada no Canadá, México e Estados Unidos.

A Alemanha mais uma vez não conseguiu avançar da fase de grupos. Em um grupo com Espanha, Japão e Costa Rica, viu o Japão terminar o grupo em primeiro, e a Espanha em segundo. Apesar de ter o mesmo número de pontos que a Espanha, o saldo de gols deu a vaga aos espanhóis.

Marrocos fez história ao se tornar a primeira nação africana e a primeira nação árabe a avançar para as semifinais da competição. Em um grupo com Croácia, Bélgica e Canadá, conseguiram se classificar em primeiro lugar. Nas oitavas de final, venceram a Espanha nos pênaltis. Nas quartas, passaram por Portugal. Porém, na semifinal jogaram contra a França, a detentora do título, e não conseguiram avançar para a final. Apesar de terem perdido a disputa do terceiro lugar para a Croácia, o quarto lugar foi heroico para a seleção marroquina.

A final foi disputada por Argentina e França. Ambas as seleções buscavam o terceiro título. A França defendia o título conquistado 4 anos antes, a Argentina não vencia desde 1986, quando Maradona ainda jogava. Messi, aos 23', e Di Maria, aos 36' deram à Argentina uma vantagem inicial no primeiro tempo. No segundo tempo tudo parecia tranquilo para os argentinos até a França sofrer um pênalti a 11 minutos do fim do jogo. Mbappé aproveitou a chance e marcou o primeiro gol francês no jogo. Dois minutos depois, Mbappé recebeu a bola dentro da área e, batendo de primeira, marcou o seu segundo gol no jogo. No fim do tempo regulamentar o placar marcava 2-2. Na prorrogação, Messi voltou a marcar aos 108'. Novamente o título parecia estar nas mãos dos argentinos quando, a 4 minutos do fim, a bola bateu no braço aberto de um argentino dentro da área e o juiz marcou o pênalti para a França. Mbappé não desperdiçou a oportunidade empatando novamente o jogo. Com três gols, ele se tornou o segundo jogador a completar um hat-trick em uma final de Copa do Mundo. Com o placar de 3-3 a partida foi decidida na disputa de pênaltis. Coman e Tchouaméni, da França, perderam as suas cobranças e a Argentina venceu a partida conquistando o tricampeonato. Foi a primeira vez, desde 2002, que uma seleção não europeia venceu a Copa do Mundo.

Seleções participantes: Alemanha, Arábia Saudita, Argentina, Austrália, Bélgica, Brasil, Camarões, Canadá, Catar, Coreia do Sul, Costa Rica, Croácia, Dinamarca, Equador, Espanha, Estados Unidos, França, Gana, Holanda, Inglaterra, Irã, Japão, Marrocos, México, País de Gales, Polônia, Portugal, Senegal, Sérvia, Suíça, Tunísia, Uruguai.

Campeão: Argentina
Vice-campeão: França

Terceiro lugar: Croácia

Artilheiro: Kylian Mbappé, França – 6 gols
Seleção com maior número de gols: França, 16 gols

Gols marcados na Copa: 172 gols
Média de gols por partida: 2,69

Jogos

Forma de disputa

Com 32 seleções, elas foram divididas em 8 grupos onde todos jogavam entre si. O 1º e 2º de cada grupo se classificava para a fase eliminatória, começando pelas oitavas de final.

Fase de grupos

Pos: posição; **P:** pontos; **V:** vitórias; **E:** empates; **D:** derrotas; **G+:** gols pro; **G-:** gols contra

Grupo A

Pos	Seleção	P	V	E	D	G+	G-
1	Holanda	7	2	1	0	5	1
2	Senegal	6	2	0	1	5	4
3	Equador	4	1	1	1	4	3
4	Catar	0	0	0	3	1	7

Catar 0-2 Equador

Senegal 0-2 Holanda

Catar 1-3 Senegal

Holanda 1-1 Equador

Equador 1-2 Senegal

Holanda 2-0 Catar

Grupo B

Pos	Seleção	P	V	E	D	G+	G-
1	Inglaterra	7	2	1	0	9	2
2	Estados Unidos	5	1	2	0	2	1
3	Irã	3	1	0	2	4	7
4	País de Gales	1	0	1	2	1	6

Inglaterra 6-2 Irã

Estados Unidos 1-1 País de Gales

País de Gales 0-2 Irã

Inglaterra 0-0 Estados Unidos

País de Gales 0-3 Inglaterra

Irã 0-1 Estados Unidos

Grupo C

Pos	Seleção	P	V	E	D	G+	G-
1	Argentina	6	2	0	1	5	2
2	Polônia	4	1	1	1	2	2
3	México	4	1	1	1	2	3
4	Arábia Saudita	3	1	0	2	3	5

Argentina 1-2 Arábia Saudita

México 0-0 Polônia

Polônia 2-0 Arábia Saudita

Argentina 2-0 México

Polônia 0-2 Argentina

Arábia Saudita 1-2 México

Grupo D

Pos	Seleção	P	V	E	D	G+	G-
1	França	6	2	0	1	6	3
2	Austrália	6	2	0	1	3	4
3	Tunísia	4	1	1	1	1	1
4	Dinamarca	1	0	1	2	1	3

Dinamarca 0-0 Tunísia

França 4-1 Austrália

Tunísia 0-1 Austrália

França 2-1 Dinamarca

Austrália 1-0 Dinamarca

Tunísia 1-0 França

Grupo E

Pos	Seleção	P	V	E	D	G+	G-
1	Japão	6	2	0	1	4	3
2	Espanha	4	1	1	1	9	3
3	Alemanha	4	1	1	1	6	5
4	Costa Rica	3	1	0	2	3	11

Alemanha 1-2 Japão

Espanha 7-0 Costa Rica

Japão 0-1 Costa Rica

Espanha 1-1 Alemanha

Japão 2-1 Espanha

Costa Rica 2-4 Alemanha

Grupo F

Pos	Seleção	P	V	E	D	G+	G-
1	Marrocos	7	2	1	0	4	1
2	Croácia	5	1	2	0	4	1
3	Bélgica	4	1	1	1	1	2
4	Canadá	0	0	0	3	2	7

Marrocos 0-0 Croácia

Bélgica 1-0 Canadá

Bélgica 0-2 Marrocos

Croácia 4-1 Canadá

Croácia 0-0 Bélgica

Canadá 1-2 Marrocos

Grupo G

Pos	Seleção	P	V	E	D	G+	G-
1	Brasil	6	2	0	1	3	1
2	Suíça	6	2	0	1	4	3
3	Camarões	4	1	1	1	4	4
4	Sérvia	1	0	1	2	5	8

Suíça 1-0 Camarões

Brasil 2-0 Sérvia

Camarões 3-3 Sérvia

Brasil 1-0 Suíça

Sérvia 2-3 Suíça

Camarões 1-0 Brasil

Grupo H

Pos	Seleção	P	V	E	D	G+	G-
1	Portugal	6	2	0	1	6	4
2	Coreia do Sul	4	1	1	1	4	4
3	Uruguai	4	1	1	1	2	2
4	Gana	3	1	0	2	5	7

Uruguai 0-0 Coreia do Sul

Portugal 3-2 Gana

Coreia do Sul 2-3 Gana

Portugal 2-0 Uruguai

Gana 0-2 Uruguai

Coreia do Sul 2-1 Portugal

Oitavas de final

Holanda 3-1 Estados Unidos

Argentina 2-1 Austrália

França 3-1 Polônia

Inglaterra 3-0 Senegal

Japão 1-1 Croácia (**Pênaltis:** 1-3)

Brasil 4-1 Coreia do Sul

Marrocos 0-0 Espanha (**Pênaltis:** 3-0)

Portugal 6-1 Suíça

Quartas de final

Croácia 1-1 Brasil (**Pênaltis:** 4-2)

Holanda 2-2 Argentina (**Pênaltis:** 3-4)

Marrocos 1-0 Portugal

Inglaterra 1-2 França

Semifinais

Argentina 3-0 Croácia

França 2-0 Marrocos

Disputa do terceiro lugar

Croácia 2-1 Marrocos

Final

Argentina 3-3 França (**Pênaltis:** 4-2)

Conclusão

Ao longo das páginas deste livro, viajamos pela trajetória da FIFA na organização das Copas do Mundo de Futebol, desde o torneio inicial, em 1930, até a mais recente edição de 2022. Cada capítulo desvendou os bastidores, os momentos marcantes e os resultados que definiram a história de cada torneio, criando um panorama completo e detalhado desse evento esportivo que cativa bilhões de corações ao redor do mundo.

Desde os campos de Montevidéu, onde o Uruguai se consagrou o primeiro campeão mundial, até os modernos estádios do Qatar, este livro buscou capturar a essência e a evolução do futebol ao longo das décadas. Cada Copa do Mundo é única, com seus heróis, vilões, surpresas e decepções, refletindo não apenas a transformação do esporte, mas também as mudanças sociais, políticas e culturais de cada era.

A jornada começou com a visão ousada de Jules Rimet, que viu no futebol um meio de unir nações e promover a paz através do esporte. Ao longo das edições, vimos essa visão ser desafiada e reforçada por diversos contextos históricos: as tensões pré-guerra nos anos 30, a reconstrução do pós-guerra, a globalização nos anos 90 e a revolução tecnológica do século XXI. Cada Copa do Mundo narrada aqui não é apenas um evento esportivo, mas um retrato de seu tempo, uma celebração da humanidade e de sua capacidade de se reunir em torno de uma paixão comum.

Através das páginas deste livro, revivemos momentos marcantes: a derrota de 1950, a genialidade de Pelé em 1958 e 1970, a "mão de Deus" e os pés de ouro de Maradona em 1986, a ascensão de novas potências como a França e a Espanha, e a consagração de lendas modernas como Ronaldo Fenômeno e Messi. Cada história, cada jogo, cada gol contado aqui nos lembra porque o futebol é chamado de "o esporte das massas".

É importante reconhecer que organizar um evento da magnitude da Copa do Mundo não é uma tarefa simples. Envolve coordenação meticulosa, diplomacia, planejamento e, acima de tudo, paixão pelo esporte. A FIFA, apesar de suas críticas e controvérsias, tem desempenhado um papel crucial em tornar esse espetáculo possível, proporcionando a milhões de pessoas ao redor do mundo a oportunidade de sonhar, torcer e celebrar.

Ao encerrarmos este livro, fica claro que a história das Copas do Mundo é uma narrativa em constante evolução. Cada torneio traz novas histórias, novos talentos e novas memórias que continuarão a ser escritas nas páginas do futebol mundial. Que as futuras edições continuem a encantar e inspirar, unindo gerações em torno do amor pelo futebol.

Este livro é uma homenagem a todos que fizeram e fazem parte dessa história e contribuíram para a magia das Copas do Mundo: jogadores, treinadores, torcedores e organizadores. Que o espírito do futebol continue a brilhar e a conectar pessoas ao redor do mundo, geração após geração.

Obrigado por embarcar nesta incrível jornada através do tempo e do esporte. Que a paixão pelo futebol continue viva em cada coração e que as futuras Copas do Mundo tragam ainda mais histórias para contar.

Notas

[1] A FIFA (Fédération Internationale de Football Association) foi fundada em Paris em 1904 com o objetivo de ser o órgão responsável por supervisionar o futebol mundial devido à popularização do esporte e dos jogos internacionais.

[2] Quando um jogador marca 3 ou mais gols na mesma partida.

[3] Na época, não havia o prêmio Bola de Ouro, uma premiação entregue pela FIFA ao melhor jogador da Copa. O Bola de Ouro é reconhecido pela Fifa apenas a partir de 1982. Porém, em 2013, o renomado historiador e estatístico do futebol Ejikeme Ikwunze, popularmente chamado de 'Mr. Football', publicou uma lista com os melhores jogadores de cada Copa em seu livro World Cup (1930-2010): A Statistical Summary. A sua publicação ganhou a atenção e apoio de especialistas. Hoje, vários meios de comunicação a utilizam para citar os melhores jogadores de cada Copa, de 1930 a 1978.

[4] O jogo de abertura da Copa do Mundo de 2030 será disputado no Estádio Centenário em Montevidéu, Uruguai, juntamente com uma celebração especial do centenário da Copa do Mundo FIFA. O 2º e o 3º jogos do torneio serão disputados na Argentina e no Paraguai, respectivamente. O restante do torneio será disputado em Marrocos, em Portugal e na Espanha.

[5] As regras de desempate foram mudando ao longo dos anos. Hoje, na fase de mata-mata não há utilização de critério de desempate. Caso um jogo termine empatado, ocorre uma prorrogação seguida de disputa de pênaltis, caso necessário. Na fase de grupos é adotado o seguinte critério para desempatar equipes com o mesmo número de pontos:

1. Saldo de gols
2. Gols marcados
3. Confronto direto
4. Pontuação de Fair Play
5. Sorteio

[6] Do inglês Walkover, WO é utilizado no mundo dos esportes para atribuir uma vitória a um competidor, ou a uma equipe, quando o adversário não comparece, ou está impossibilitado de competir.

[7] Em uma partida das eliminatórias para a Copa de 1990, entre Chile e Brasil, realizada no Rio de Janeiro, o goleiro chileno Roberto Rojas simulou um ferimento que teria sido causado por um rojão atirado pela torcida brasileira. Durante a investigação do incidente, ficou comprovado que o rojão não havia atingido o goleiro. Pelas filmagens da TV, é possível ver que ele caiu a mais de um metro do goleiro. Quando Rojas foi interrogado, ele confessou ter se cortado com uma lâmina de barbear que havia escondido nas luvas.

[8] A Austrália entrou com o pedido para mudar a sua confederação alegando estarem bem acima do nível dos adversários da Oceania. E realmente estavam. Nas eliminatórias para a Copa de 2002, os australianos venceram seus 6 jogos, marcando um total de 72 gols e levando apenas 1. Em um dos jogos, venceram a Samoa Americana por 31-0 quebrando o recorde da maior goleada em uma partida internacional de futebol. Além disso, queriam a chance de disputar diretamente uma vaga na Copa pois a Oceania não tinha uma vaga reservada. Na época, a equipe vencedora das eliminatórias da OFC jogava contra um adversário de outro continente para conquistar a vaga.

[9] O VAR é um árbitro assistente que analisa as decisões do árbitro principal da partida com a utilização de imagens de vídeo. O objetivo do sistema é auxiliar o árbitro em casos de erros claros, ou em incidentes graves não vistos por ele.

[10] A pontuação por *Fair Play* leva em consideração os cartões recebidos pelos jogadores de uma seleção. Para cada cartão recebido é descontada uma pontuação que varia da seguinte maneira:

- Cartão amarelo: -1 ponto
- Segundo amarelo, causando o cartão vermelho: -3 pontos
- Cartão vermelho direto: -4 pontos
- Cartão amarelo, e um cartão vermelho direto: -5 pontos

muitomaisdoquefutebol.com.br

Todos os direitos reservados

9 786501 062938